**Katzenernährung nach dem Vorbild der Natur
Barfen in allen Lebensphasen**

Was macht den Stoffwechsel unserer Katzen so besonders? Welche Funktionen haben die Nährstoffe in der Nahrung? Worauf sollte bei der Auswahl des Futters geachtet werden? Diese und weitere Fragen zur Katzenernährung werden in diesem Buch ausführlich beantwortet und führen zu folgender Antwort: Die optimale Nahrung der Katze besteht aus frischen Zutaten – kurz: BARF.

In diesem Buch erfahren Sie, wie BARF sinnvollerweise zusammengesetzt ist. Es werden verschiedene Varianten dieser Fütterungsform betrachtet und wertvolle Anleitungen für den Barfeinstieg und die Futterumstellung gegeben. Außerdem erhalten Sie zahlreiche Tipps aus der langjährigen BARF-Praxis der Autorin. Weiterhin erfahren Sie, wie Sie das Futter Ihrer Katze in den unterschiedlichen Lebensphasen optimal zusammenstellen können. Ein großer Abschnitt dieses Buches ist der Katzenernährung bei Krankheit gewidmet. Sie lernen gesunde Alternativen zu teuren und leider zumeist ungeeigneten Diätfuttermitteln vom Tierarzt kennen – stellen Sie die Diätnahrung Ihrer Katze ganz einfach selbst mit natürlichen Zutaten zusammen. Dieses Buch gibt Ihnen hierzu die nötigen Anleitungen und das erforderliche Hintergrundwissen.

Doreen Fiedler
Katzenernährung nach dem Vorbild der Natur. Barfen in allen Lebensphasen
180 Seiten
ISBN: 978-3-7357-9047-7
18,90 EUR
www.einfach-barf.de · www.barfberatung-fiedler.de

Bibliografische Information der Deutschen Nationalbibliothek:
Die Deutsche Nationalbibliothek verzeichnet diese Publikation in der Deutschen Nationalbibliografie; detaillierte bibliografische Daten sind im Internet über www.dnb.de abrufbar.

2. Auflage © 2015 Doreen Fiedler

Herstellung und Verlag:
BoD – Books on Demand, Norderstedt

ISBN: 978-3-7357-9105-4

Coverfoto: Doreen Fiedler
Layout, Satz und Covergestaltung: Canan Czemmel, *www.canan.eu*

Das vorliegende Buch wurde mit viel Sorgfalt erarbeitet. Dennoch erfolgen alle Angaben ohne Gewähr. Weder Autor noch Verlag können für eventuelle Nachteile oder Schäden, die aus den im Buch vorgestellten Informationen resultieren, eine Haftung übernehmen.

Danksagung

Ich danke allen Katzen dieser Welt dafür, dass sie mich so viel lehren. Katzen sind ganz außerordentliche, wundervolle Geschöpfe und verdienen unsere Aufmerksamkeit und Achtung.

Insbesondere danke ich meinen beiden Katzen für ihre unendliche Liebe, ihren Sanftmut und ihre Geduld. Ich danke ihnen dafür, dass sie mir so viel Freude bereiten und mein Leben bereichern. Ich danke speziell meinem Kater, der, während ich dieses Buch geschrieben habe, so viele Stunden auf meinem Schoß gelegen und unermüdlich geschnurrt hat.

Weiterhin danke ich meiner Familie dafür, dass sie mich bei der Umsetzung dieses Buches unterstützt hat und mich ermutigt hat, es zu schreiben. Ganz besonderer Dank gilt meinem Lebenspartner für seine Geduld und das entgegengebrachte Verständnis, für die unzähligen Tassen Tee und seine immerwährende Unterstützung.

Mein Dank gilt weiterhin Bettina Juddat, Anja Müller und Nicole Schmid-Hertel für die lehrreichen Diskussionen rund um die Themen Katzenstoffwechsel, Nährstoffversorgung und Ernährung von Katzen mit Krankheiten. Außerdem danke ich Canan Czemmel und Bettina Juddat, die das Buch Korrektur gelesen haben. Ich danke Canan Czemmel weiterhin für ihre wunderbare Hilfe bei der Gestaltung dieses Buches.

Weiterhin danke ich dem Tierärzte-Team der „Tierklinik am Tierheim" in Lübeck für die stets kompetente Hilfe und fachliche Betreuung und die Beantwortung meiner Fragen zur Katzenernährung und zur Optimierung meines Katzenfutters.

Ein riesengroßes Dankeschön geht nicht zuletzt an die Mitglieder des Forums *www.einfach-barf.de*. Ich danke euch allen für die anregenden Diskussionen, für die angenehmen Gespräche und auch für eure inspirierenden Fragen zur artgerechten und natürlichen Katzenernährung.

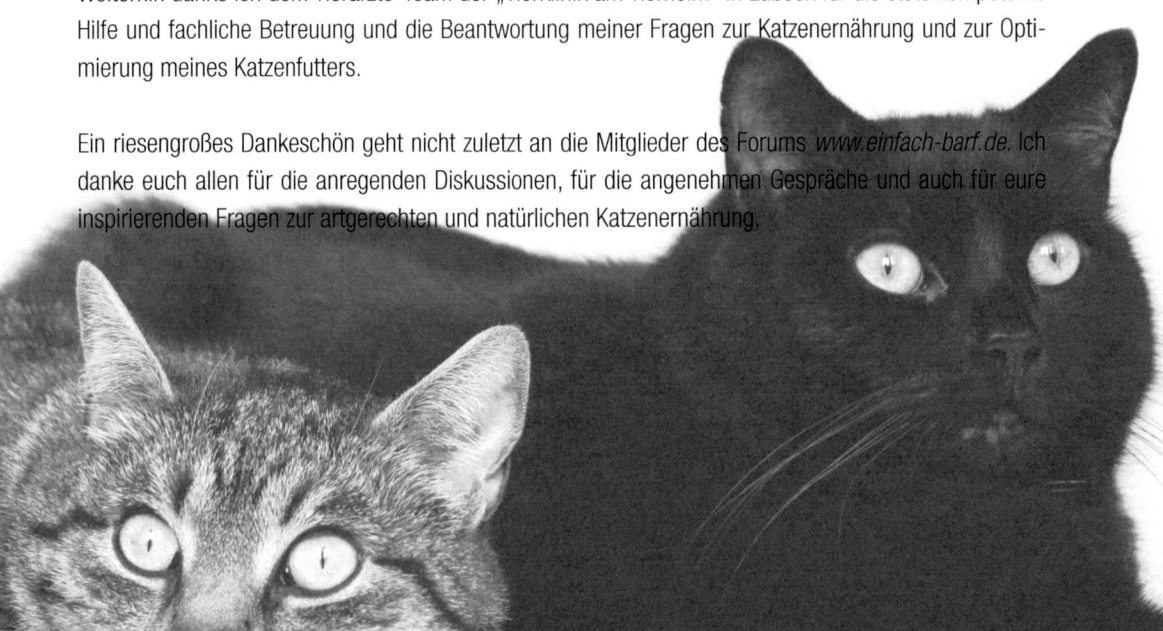

Inhaltsverzeichnis

Abbildungs- und Tabellenverzeichnis		**8**
1	**Einleitung**	**9**
2	**Was ist am Organismus der Katze so besonders?**	**11**
3	**Wie sollte die Nahrung der Katze beschaffen sein?**	**15**
3.1	Vergleich Maus – Fertigfutter	16
3.1.1	Maus im Vergleich zu Nassfutter	18
3.1.2	Maus im Vergleich zu Trockenfutter	19
3.2	Inhaltsstoffe von Fertigfutter	20
3.3	Welche Fleischsorten können verwendet werden?	23
3.4	Welche pflanzlichen Futterbestandteile können verwendet werden?	28
3.5	Welche Ergänzungsmittel sind im BARF notwendig?	30
4	**Welche Arten der Supplementierung gibt es?**	**41**
4.1	Die Pauschalrezepte	43
4.2	Unterschiedliche Supplementenmischungen	44
4.3	Individuelle Rezepte selbst berechnen	48
5	**Wie wird BARF für Katzen zubereitet?**	**55**
5.1	Was benötige ich zum Barfen?	56
5.2	Wie werden die Portionen hergestellt?	58
5.3	Was sollte ich beim Barfen beachten?	61
6	**Wie kann ich meine Katze auf BARF umstellen?**	**65**
6.1	Umstellung auf BARF – Meine Katze frisst bislang nur Trockenfutter	66
6.2	Umstellung auf BARF – Meine Katze frisst bisher Nassfutter	68
6.3	Umstellung auf BARF – Meine Katze frisst schon rohes Fleisch aber noch keine Supplemente	69
6.4	Umstellungstricks für ganz harte Fälle	72
6.4.1	Futterzusätze	72
6.4.2	Kochbarf	73
6.4.3	Besondere Fütterungszeiten	75
7	**Rezepte zum Nachmachen**	**76**
7.1	Rezepte ohne Knochen für die sanfte Samtpfote	78
7.2	Rezepte mit Knochen für den wilden Stubentiger	80
7.3	Exklusive Rezepte für den besonderen Feinschmecker	82
7.4	Leckerli-Rezepte für spezielle Verwöhnmomente	85

8		Wo kann ich weitere Informationen und Hilfe zum Thema BARF erhalten?	91
8.1		Literatur zum Thema BARF und Katzenernährung	92
8.2		Hilfreiche Internetseiten	93

Begriffserklärungen ... **95**
Barfberatung ... **102**
Literaturverzeichnis ... **103**
Bildnachweise ... **104**

Abbildungsverzeichnis

Abbildung 1: Der Weg der Nahrung durch die Katze ... 12
Abbildung 2: Vergleich der Nahrungsbestandteile der Maus mit Nass- und Trockenfutter ... 17
Abbildung 3: Nahrungspyramide der Katze ... 22
Abbildung 4: Supplemente ... 30
Abbildung 5: Tierisches Öl ... 39
Abbildung 6: Barf-Berechnung ... 49
Abbildung 7: Barf-Utensilien ... 56
Abbildung 8: Angemischtes Barf vor der Portionierung ... 60
Abbildung 9: Fleisch kauende Katze ... 72
Abbildung 10: Fertige Barf-Portion ... 77
Abbildung 11: Trockenfleisch ... 85
Abbildung 12: Katzen mit Spielzeug ... 90

Tabellenverzeichnis

Tabelle 1: Vergleich der Nahrungsbestandteile der Maus mit Nass- und Trockenfutter ... 16
Tabelle 2: Zusammensetzung der tierischen Futterbestandteile beim BARF ... 27
Tabelle 3: Nährstoffe und ihre Supplemente ... 40

1 Einleitung

Seit den 1960er Jahren ist für Katzen industriell hergestelltes Fertigfutter erhältlich. Seit dieser Zeit ist das kommerzielle Fertigfutter immer weiter entwickelt worden, so dass der Markt dem Katzenhalter inzwischen eine schier unüberschaubare Vielfalt an verschiedenen Futtersorten und Leckereien für seinen schnurrenden Liebling bietet. Jeder Hersteller verspricht, dass sein Produkt ausgesprochen gesund und für die Ernährung von Katzen hervorragend geeignet sei.

Doch seit der Einführung des kommerziellen Katzenfutters sind auch die sogenannten Zivilisationskrankheiten unter den Katzen immer häufiger geworden. Erschreckenderweise ist es heute keine Seltenheit mehr, sondern beinahe schon zur Regel geworden, dass Katzen an Nierenkrankheiten, Harnwegsleiden, Diabetes, Zahnfleischentzündungen, Übergewicht, Leberkrankheiten, Allergien, Verdauungsstörungen und vielem mehr leiden. Nicht selten liegt die Ursache all dieser Krankheiten in der Ernährung der Katzen mit Fertigfutter.

Die oftmals zweifelhafte Qualität von Fertigfutter und die damit verbundene Gefahr von drohenden Krankheiten veranlasst immer mehr Katzenhalter dazu, ihre Stubentiger mit selbst hergestelltem Frischfutter zu ernähren oder kurz – zu barfen. Mit BARF hat jeder die Möglichkeit, die Nahrung seiner Katze entsprechend dem Vorbild der Natur zusammenzustellen und selbst zu bestimmen, welche Zutaten im Katzennapf zu finden sind.

Wer sich zum ersten Mal mit dem Thema BARF beschäftigt, wird oft abgeschreckt. Vielfach ist zu hören, wie kompliziert, ja sogar wie gefährlich Barfen sei. Doch Barfen ist weder kompliziert, noch gefährlich. Man muss weder Ernährungsexperte noch Wissenschaftler sein, um seine Katze mit selbst hergestelltem Futter ernähren zu können. Man benötigt auch keine tiermedizinische Ausbildung. Es genügt, sich einmal die natürliche Ernährung der Katzen vor Augen zu führen. Dies, in Zusammenhang mit ein paar wenigen grundlegenden Kenntnissen über die Stoffwechselbesonderheiten der Katze, genügt vollkommen, um für seine Katze natürliches, ausgewogenes und gesunderhaltendes Futter auf der Basis von frischen Zutaten zusammenstellen zu können.

In diesem Buch werden zunächst die Grundlagen der Katzenernährung erklärt. Die wichtigsten Besonderheiten des Katzenstoffwechsels werden ebenso erläutert, wie die einzelnen Verdauungsschritte und die natürliche Ernährung. Anschließend wird detailliert erklärt, wie eine gesunde Katzennahrung optimalerweise zusammengesetzt sein sollte, und aus welchen Komponenten BARF besteht. Es wird erläutert, was man zum Barfen benötigt und danach Schritt für Schritt erklärt, wie BARF zubereitet wird. Sie erhalten viele Tipps, wie Sie Ihre Katze auf BARF umstellen können. Zu guter Letzt werden zahlreiche köstliche Rezepte zum Nachmachen vorgestellt.

2 Was ist am Organismus der Katze so besonders?

12 · Was ist am Organismus der Katze so besonders?

Unsere Hauskatzen sind, wie ihre wilden Urahnen die Falbkatzen (Felis silvestris lybica), fleischfressende Raubtiere. Ihre natürliche Nahrung besteht aus kleinen Beutetieren wie etwa Mäuse, Ratten, Kaninchen, Eichhörnchen, Vögel und zu geringen Teilen Reptilien wie z. B. Eidechsen sowie Fisch und diverse Insekten.

Im Laufe der Evolution haben sich der Stoffwechsel und der Organismus der Katze auf die Ernährungsweise als striktem Fleischfresser (Karnivore) eingestellt. An ihrer natürlichen Ernährungsweise hat sich auch nach über 9000 Jahren der Domestikation und seit der Einführung von kommerzieller Fertignahrung vor etwa 50 Jahren nichts geändert.

Nachfolgend wird der Weg der Nahrung durch die Katze verfolgt und die einzelnen Stationen in den Verdauungsorganen genauer betrachtet [1, S. 12ff].

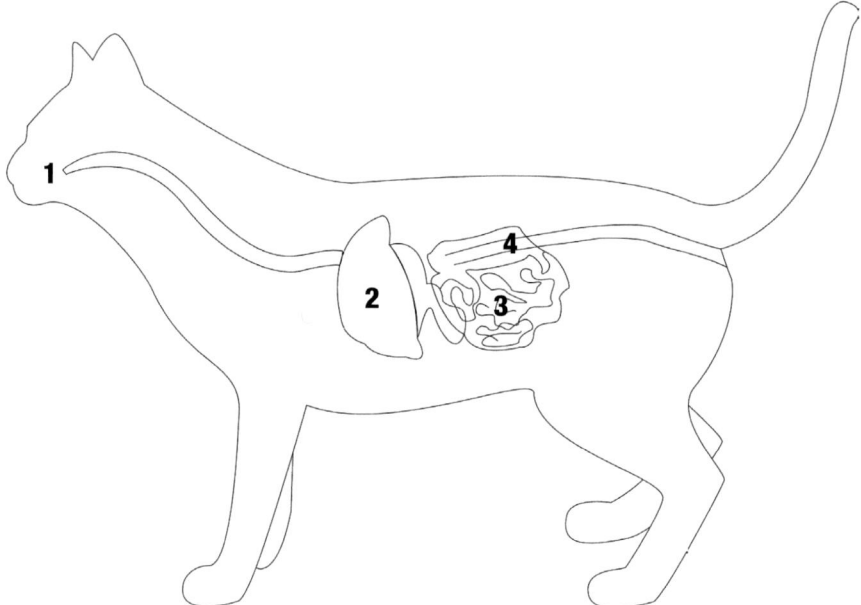

Abbildung 1: Der Weg der Nahrung durch die Katze.

Die erste Station ist die Maulhöhle der Katze (**1**), welche sich von der anderer Tierarten unterscheidet. Der Speichel der Katze enthält keine Verdauungsenzyme, wie es z. B. bei uns Menschen oder anderen

Allesfressern (Omnivoren) oder den Pflanzenfressern (Herbivoren) der Fall ist. Dies weist darauf hin, dass die Katze ihre Nahrung vergleichsweise schnell abschluckt und nicht im Maul vorverdaut. Dass Katzen ihre Nahrung im Maul so gut wie gar nicht verarbeiten, spiegelt sich auch in ihrem Gebiss wider. Katzen haben ein Gebiss, das hervorragend dazu geeignet ist, Beute zu packen, festzuhalten und zu zerreißen. Im Gegensatz dazu ist kein einziger Zahn im Katzengebiss zum Zermahlen oder Kauen geeignet – alle Zähne der Katze sind zum Schneiden da. Schon am Gebiss der Katze kann man also deutlich erkennen, dass ihre artgerechte Nahrung hauptsächlich aus Fleisch zum Zerreißen und nicht aus pflanzlichen Bestandteilen zum Zermahlen besteht.

Die zweite Station der Nahrung ist der Magen (**2**). Das Milieu im Magen einer Katze ist mit einem pH-Wert von eins bis zwei sehr sauer. Im Vergleich zum Menschen enthält der Katzenmagen etwa die sechsfache Menge an Salzsäure. Dies befähigt die Katze dazu, rohes Fleisch und sogar Knochen rasch und mühelos zu verdauen. Außerdem werden in dieser stark sauren Umgebung eventuell im Fleisch enthaltene Keime wie bspw. Salmonellen oder schädliche Bakterien zuverlässig abgetötet, so dass sie der Katze keinen Schaden zufügen können.

Nach etwa vier bis sechs Stunden gelangt die Nahrung vom Magen in die dritte Station: den Dünndarm (**3**). Im Dünndarm werden die Nahrungsbestandteile durch Enzymtätigkeit verdaut und vom Organismus resorbiert und zu den Organen oder in die übrigen Körpergewebe transportiert. Der Dünndarm der Katze ist hervorragend zur Verdauung von Proteinen und Fetten geeignet, jedoch weniger gut zur Verdauung von Kohlenhydraten. Auch dies weist wiederum darauf hin, dass die Katze ein reiner Fleischfresser ist, und ihre Nahrung dementsprechend wenig pflanzliche Bestandteile enthalten sollte.

In der Leber werden mithilfe unterschiedlicher Enzyme unter anderem verschiedene Nährstoffe aus Proteinen synthetisiert, die von Alles- oder Pflanzenfressern aus Kohlenhydraten gebildet werden. So ist die Katze z. B. dazu in der Lage, aus Proteinen Glukose zu bilden [2, S. 385]. Glukose wird von anderen Spezies aus Stärke gebildet. Dieses Beispiel zeigt, wie gut die Katze an die Verdauung von tierischen Futterbestandteilen angepasst ist. Sie benötigt keine pflanzlichen Anteile zur Gewinnung von Nährstoffen in ihrer Nahrung. In der Leber werden außerdem fettlösliche Vitamine gespeichert oder in aktive Vitaminformen umgewandelt. Weiterhin ist die Leber an vielen weiteren Stoffwechselvorgängen beteiligt.

Die letzte und vierte Station der Katzennahrung befindet sich im Dickdarm (**4**). Dort werden mithilfe von Darmbakterien die Nahrungsreste fermentiert und weitere Nährstoffe wie bspw. Biotin (ein B-Vitamin) synthetisiert [3, S. 378]. Schließlich werden die nicht verwertbaren Nahrungsreste von der Katze ausgeschieden.

Insgesamt erfolgt die Verdauung der Nahrung bei der Katze sehr rasch und dauert im Normalfall nur zwischen 24 und 36 Stunden an. Auch diese schnelle Verdauungsaktivität weist sie als reinen Fleischfresser aus. Die Verdauung beim Omnivoren Mensch dauert zum Vergleich im Durchschnitt drei Tage. Auch die Verdauung beim überwiegenden Fleischfresser Hund dauert mit ein bis zwei Tagen durchaus länger als bei der Katze als reinem Fleischfresser.

Die Verdauungsenzyme der Katze sind an die Verwertung eines besonders hohen Anteils an Proteinen angepasst. Im Gegensatz zu anderen Spezies kann die Aktivität dieser Enzyme bei der Katze nicht an den Proteingehalt in der Nahrung angepasst werden. Die Protein-verdauenden Enzyme arbeiten nach der Futteraufnahme immer auf einem gleichbleibend hohen Level. Enthält das Futter einen zu geringen Anteil an Eiweiß, kann die Eiweißverdauung von der Katze nicht angepasst werden [4, S. 89] und sie verwertet dann ihre körpereigenen Proteine wie Muskeln oder andere lebenswichtige Gewebe. Ein geringer Proteinanteil in der Nahrung führt aus diesem Grund zu Gewebezerfall und Muskelschwund. Um dies zu vermeiden, ist es besonders wichtig, dass das Futter der Katze einen sehr hohen Anteil an Eiweiß enthält, so wie es auch bei ihrer natürlichen Nahrung der Fall ist. Aufgrund der Zusammensetzung der Aminosäuren ist tierisches Eiweiß den pflanzlichen Eiweißen vorzuziehen. Elf der 20 in der Nahrung vorkommenden Aminosäuren sind für Katzen essentiell. Diese Aminosäuren wie bspw. Arginin, Taurin oder Methionin kommen ausschließlich oder hauptsächlich in tierischem Eiweiß vor [2, S. 60f].

Die Katze ist als Karnivore ausgesprochen schlecht an die Verdauung von pflanzlichen Nahrungsbestandteilen angepasst, insbesondere, wenn es sich hierbei um rohe pflanzliche Stoffe handelt. Der Katze fehlen verschiedene Enzyme, die zur effektiven Aufspaltung und Verdauung von Kohlenhydraten und Stärken oder Zuckern benötigt werden. Um pflanzliche Nahrungsbestandteile nutzen zu können, müssen diese bereits möglichst weit aufgeschlossen sein [5], so wie es auch beim bereits vorverdauten Magen- und Darminhalt der Beutetiere der Fall ist. Dennoch belastet auch ein hoher aufgeschlossener pflanzlicher Anteil in der Katzennahrung den Organismus, da hierbei viele Abfallstoffe und Stoffwechselzwischenprodukte entstehen, die von der Katze verarbeitet und ausgeschieden werden müssen. Außerdem sinkt mit einem hohen pflanzlichen Anteil der wichtige Proteingehalt im Futter. Deshalb sollte die Katzennahrung nur einen sehr geringen pflanzlichen Anteil aufweisen.

Katzen können im Gegensatz zu anderen Tieren bestimmte Fettsäuren wie Linolsäure, Linolensäure und Arachidonsäure nicht aus anderen Fettsäuren selbst bilden. Diese Fettsäuren sind für die Katze essentiell und müssen unbedingt in ihrer Nahrung enthalten sein [6, S. 12f]. Tierisches Fett wie Geflügelhaut, Schmalz oder auch Fischöle und Butter enthalten die notwendigen Fettsäuren in ausreichender Menge und sind deshalb für die Katzenernährung aufgrund ihrer optimalen Fettzusammensetzung besser geeignet als pflanzliche Fette.

3 Wie sollte die Nahrung der Katze beschaffen sein?

Die natürliche Ernährungsweise der Katze sollte sich selbstverständlich auch in ihrem Futternapf widerspiegeln. Führt man sich die im vorigen Kapitel aufgeführten Stoffwechselbesonderheiten und Bedürfnisse der Katze als Fleischfresser vor Augen, wird schnell klar, wie das Futter optimal zusammengesetzt sein sollte.

Die rohen Beutetiere enthalten einen sehr hohen Anteil an tierischen Eiweißen, einen moderaten tierischen Fettgehalt und sämtliche Vitamine, Nährstoffe und Nahrungsenzyme in einem ausgewogenen Verhältnis. Die Beutetiere enthalten jedoch nur einen minimalen pflanzlichen Anteil – nämlich nur jenen, welcher sich in ihrem Verdauungstrakt befindet. Dieser kleine pflanzliche Anteil ist durch die Vorverdauung der Beutetiere bereits aufgeschlossen und kann so von der Katze weiter verwertet werden. Mit dem Fell oder den Federn der Beutetiere nimmt die Katze die nötigen Faserstoffe auf, welche im Dickdarm von den Darmbakterien mit einem Teil der pflanzlichen Anteile fermentiert werden und auf diese Weise der natürlichen Aufrechterhaltung der Darmgesundheit dienen. Knochen und Innereien sowie das Blut der Beutetiere enthalten die lebensnotwendigen Mineralstoffe und Spurenelemente. Diese liegen in den Beutetieren in einer natürlichen Form vor, die von der Katze optimal verwertet werden kann.

Da Katzen als ursprüngliche Wüsten- oder Steppentiere nur ein sehr gering ausgeprägtes Durstempfinden haben, und ihren Flüssigkeitsbedarf fast ausschließlich über ihre Beutetiere decken, sollte die Katzennahrung ebenfalls ausreichend Wasser enthalten. Der natürliche Feuchtigkeitsgehalt der Beute liegt etwa bei 70 bis 80 % – diesem sollte auch der Feuchtigkeitsgehalt in der Katzennahrung entsprechen.

3.1 Vergleich Maus – Fertigfutter

Inwieweit Fertigfutter dem natürlichen Nährstoffgehalt einer Maus gerecht wird, zeigt die folgende Tabelle mit der dazugehörigen Abbildung:

	Maus	Nassfutter	Trockenfutter
Feuchtigkeit	67 – 82 %	60 – 80 %	7 – 10 %
Trockensubstanz	18 – 33 %	20 – 40 %	90 – 93 %
Rohprotein (TS)	55 – 64 %	30 – 60 %	30 – 41 %
Rohfett (TS)	17 – 30 %	24 – 34 %	14 – 24 %
Rohasche (TS)	8 – 12 %	2 – 5 %	4 – 8 %
Rohfaser und Kohlenhydrate (TS)	3 – 8 %	6 – 30 %	28 – 50 %

Tabelle 1: Vergleich der Nahrungsbestandteile der Maus mit Nass- und Trockenfutter

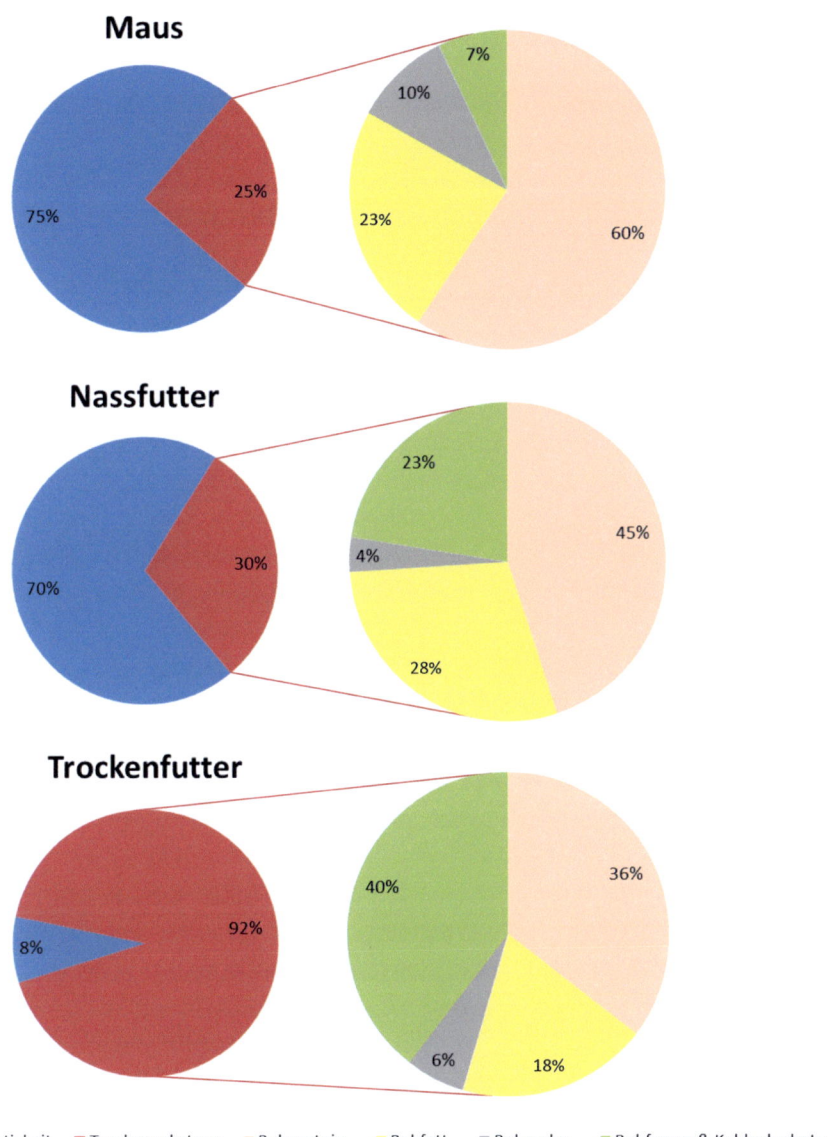

Abbildung 2: Vergleich der Nahrungsbestandteile der Maus mit Nass- und Trockenfutter[1].

1 Daten der Maus aus *www.rodentpro.org*, (Januar 2014), Daten von Nass- und Trockenfutter von verschiedenen Fertigfutterprodukten zusammengetragen und gemittelt.

3.1.1 Maus im Vergleich zu Nassfutter

Je nach Alter haben Mäuse einen Feuchtigkeitsgehalt von 67 bis 82 %. Dadurch nehmen Katzen beinahe ihren gesamten Wasserbedarf über ihre Nahrung auf, und müssen normalerweise – wenn überhaupt – nur noch sehr wenig zusätzliche Flüssigkeit aufnehmen. Auch die meisten Nassfuttersorten enthalten ausreichend Feuchtigkeit, so dass die Katze bei dieser Fütterungsform in der Regel genügend Wasser zu sich nimmt.

Mit 55 bis 64 % Rohprotein bezogen auf die Trockensubstanz enthalten Mäuse sehr viel hochwertiges tierisches Eiweiß mit allen notwendigen Aminosäuren, welche die Katze benötigt. Nassfutter enthält je nach Qualität 30 bis 60 % Protein, was dem Eiweißgehalt der natürlichen Nahrung der Katzen zumindest bei den hochwertigeren Sorten sehr nahe kommt. Bei Fertigfutter gilt jedoch zu beachten, dass ein großer Anteil des enthaltenen Proteins aus pflanzlichen Futtermitteln stammt. Pflanzliche Eiweiße sind für Katzen wegen der ungünstigen Aminosäuren-Zusammensetzung nicht so gut geeignet wie hochwertige tierische Eiweiße. Um die nötigen Aminosäuren im Fertigfutter zu ergänzen, werden diese dem Futter häufig in synthetischer Form zugegeben. Da viele der für Katzen essentiellen Aminosäuren hauptsächlich oder sogar ausschließlich in tierischen Proteinen vorkommen, sollten im Katzenfutter nur tierische Eiweiße verwendet werden.

Der Rohfettgehalt von Mäusen beträgt 17 bis 30 % bezogen auf die Trockensubstanz. Dies ist ausschließlich hochwertiges tierisches Fett, welches wegen seiner Fettsäurenzusammensetzung optimal für die Katzenernährung geeignet ist. Auch Nassfutter besitzt mit 24 bis 34 % einen ähnlichen Fettgehalt wie die Maus, jedoch werden häufig pflanzliche oder sogar industrielle Fette verwendet, welche wegen ihrer Fettsäurenzusammensetzung für die Katzenernährung oft ungeeignet sind.

Der Rohaschegehalt ist mit 8 bis 12 % bezogen auf die Trockensubstanz bei der Maus ausgesprochen hoch. Der Rohaschegehalt gibt an, wie viele Mineralstoffe im Futter enthalten sind. Dies zeigt, dass Mäuse eine hohe Mineralstoffkonzentration haben. Übliche Nassfuttersorten besitzen einen Rohaschegehalt von durchschnittlich 2 bis 5 %.

Der Anteil an Rohfasern und Kohlenhydraten ist in der Maus mit 3 bis 8 % bezogen auf die Trockensubstanz sehr gering. Nassfutter hat je nach Qualität einen Gehalt an Faserstoffen und Kohlenhydraten von 6 bis 30 %.

Nassfutter entspricht lediglich dann der natürlichen Nahrung der Katzen, wenn es hauptsächlich aus hochwertigen, tierischen Eiweißquellen besteht, nur einen geringen Anteil an pflanzlichen Zutaten aufweist und sämtliche Nährstoffe in ausreichender Dosierung enthält.

3.1.2 Maus im Vergleich zu Trockenfutter

Trockenfutter enthält mit 7 bis 10 % Feuchtigkeitsgehalt viel zu wenig Wasser. Eine ausgewachsene Katze müsste täglich zwischen 200 und 300 ml Wasser trinken, um dieses Feuchtigkeitsdefizit auszugleichen. Katzen trinken zwar bei Trockenfutter-Fütterung gezwungenermaßen mehr, als bei einer natürlichen Ernährung oder bei Nassfutter-Fütterung, aber naturgemäß werden sie derartige Mengen normalerweise nicht trinken. Außerdem genügt es nicht, dass die Katze irgendwann am Tag diese Menge trinkt – sie müsste sofort nach dem Verzehr von Trockenfutter eine ausreichende Menge Wasser aufnehmen, um den Flüssigkeitsmangel direkt auszugleichen. Dieses Verhalten lässt sich jedoch nicht beobachten, weswegen Katzen, die vorwiegend oder ausschließlich mit Trockenfutter ernährt werden, praktisch permanent dehydriert sind. Dies kann zu folgenschweren Schäden und Erkrankungen an den Nieren, den Harnwegen und vielen weiteren Organen und Körpersystemen wie dem Herz-Kreislauf-System oder dem Nervensystem führen.

Trockenfutter enthält mit 30 bis 41 % erheblich weniger Rohprotein als Nassfutter oder die natürliche Nahrung der Katzen, die 55 bis 64 % beinhaltet.

Der Rohfettgehalt von 13 bis 24 % kommt dem der Maus mit 17 bis 30 % relativ nahe. Dem Fertigfutter wird jedoch häufig pflanzliches Fett oder sogar industrielles Fett zugesetzt. Diese Fettsorten sind wegen der ungünstigen Fettsäurenzusammensetzung für Katzen nicht so gut geeignet und häufig schwer verdaulich und können bspw. zu Verdauungsbeschwerden, Leber- und Bauchspeicheldrüsenerkrankungen führen.

Bei Trockenfutter liegt der Rohaschegehalt mit 4 bis 8% etwas höher als beim Nassfutter, aber noch immer unter dem Gehalt der natürlichen Beute, der Maus, die 8 bis 12 % Rohascheanteil enthält.

Trockenfutter besitzt einen Rohfaser- und Kohlenhydratgehalt von 28 bis 50%. Derartige Mengen an Kohlenhydraten und anderen Pflanzenstoffen stellen keine artgerechte Ernährung für die Katze dar und belasten ihren Organismus. Die natürliche Nahrung der Katze, die Maus, enthält mit 3 bis 8 % nur einen Bruchteil dessen und steht damit im krassen Missverhältnis zum Trockenfutterwert. Der Katzen-Stoffwechsel ist optimal an die Verdauung von Proteinen, aufgrund des Fehlens an Stärke- und Zucker-spaltenden Enzymen jedoch nur unzureichend an die Verdauung von Kohlenhydraten angepasst.

Trockenfutter ist aufgrund des Fehlens des wichtigsten Nährstoffes Wasser und seines Überschusses an pflanzlichen Inhaltsstoffen nicht zur vorwiegenden oder gar alleinigen und dauerhaften Ernährung von Katzen geeignet.

3.2 Inhaltsstoffe von Fertigfutter

Der reine Gehalt an Feuchtigkeit, Proteinen, Fett und Kohlenhydraten sagt nicht unbedingt etwas über die Qualität eines Futters aus – es kommt auch auf die Art der verwendeten Zutaten an. Häufig werden in Futtermitteln Zutaten wie Fleisch und tierische Nebenerzeugnisse, Fisch und Fischnebenerzeugnisse, Geflügelmehl, Proteinhydrolysat, Öle und Fette sowie Getreide, Maiskleber und pflanzliche Nebenerzeugnisse verwendet. Nachfolgend wird erläutert, welche Bestandteile sich hinter solchen Zutaten verbergen können.

- *Fleisch* bezeichnet gemeinhin sämtliche tierischen Weichteile. Hierzu gehört jedoch nicht nur hochwertiges Muskelfleisch sondern auch Fett- und Bindegewebe, Sehnen und die inneren Organe. Wenn auf der Futterpackung als Inhaltsstoff Fleisch angegeben wird, können damit demnach auch Innereien und dergleichen gemeint sein.

- *Tierische Nebenerzeugnisse* sind sämtliche vom Tier stammenden Reststoffe, die nicht für den menschlichen Verzehr geeignet sind. Dies können ganze Tierkörper und Tierkörperteile, Eizellen, Samen und Embryonen von Zuchttieren, Blut, Knochen, Hufe, Fell, Horn, Klauen, Darminhalt, Federn, Köpfe und dergleichen sein. Auch Schlachtabfälle, Lebensmittelreste, überlagerte Lebensmittel und Küchen- oder Speiseabfälle gehören zu den tierischen Nebenprodukten und finden in Katzenfutter als tierische Nebenerzeugnisse Verwendung [7] [8].

- *Fisch und Fischnebenerzeugnisse* sind ganze Fische und Schlachtabfälle aus der Fischerei wie Fisch-Innereien, Gräten, Schuppen, Flossen, Köpfe und Fischabfälle. Auch andere Meerestiere wie Garnelen, Krebse und Muscheln und deren Abfallprodukte gehören dazu.

- *Geflügelmehl* ist ein Produkt aus Geflügelschlachtnebenprodukten wie bspw. Blut, Federn, Innereien, Schenkel und Füße, Knochen, Kopf, Fett, Hals und Haut. Bei der Herstellung von Geflügelmehl wird das zerkleinerte Ausgangsmaterial zunächst bei 133°C für ca. 20 Minuten sterilisiert und anschließend getrocknet, entfettet und schließlich gemahlen [9, S. 5f]. Auf diese Weise wird das Ausgangsmaterial stark denaturiert; durch die Erhitzung und Sterilisation werden verschiedene Vitamine sowie die natürlich enthaltenen Enzyme zerstört.

- *Proteinhydrolysat* ist ein Produkt, bei welchem mithilfe von Wasser und Enzymen die Eiweiße vom Rohmaterial gelöst und anschließend hydrolisiert, also ihre biochemischen Verbindungen durch eine Reaktion mit Wasser aufgespalten werden. Nach der Hydrolyse wird die Masse in Fette, Feststoffe und die Hydrolysatphase aufgespalten. Die Hydrolysatphase wird weiter verarbeitet und geklärt, entfettet und schließlich eingedampft und getrocknet. Das Endprodukt ist ein stark denaturiertes Proteinmehl. Proteinhydrolysat kann sowohl aus tierischen als auch aus pflanzlichen Rohstoffen hergestellt werden.

- *Öle und Fette* können pflanzlichen, tierischen oder synthetischen Ursprungs sein. Hierbei kann es sich sowohl um hochwertige Tierfette oder Fischöle, um Pflanzenöl aber auch um Abfallprodukte aus Raffinerien, der Lebensmittelverarbeitung oder der Industrie handeln. Tierische Fette werden aus Fettgewebe wie Haut, Schwarte oder abdominalem Fett geschmolzen und sind in dem Fall Schmalz, Talg oder Tran. Andere tierische Fette fallen als Abfallprodukte bei der Erzeugung von Milchprodukten an.

- *Getreide* sind die Pflanzen der Familie der Süßgräser. Zu ihnen gehören bspw. Weizen, Roggen, Gerste, Mais, Reis und Hirse. Oftmals wird aus der Deklaration des Herstellers nicht deutlich, ob nur das verarbeitete Korn im Futter enthalten ist oder die ganze Pflanze als minderwertige Ganzpflanzensilage verwendet wurde.

- *Maiskleber* ist ein Nebenprodukt der Stärkegewinnung und besteht hauptsächlich aus den Endospermproteinen des Maiskorns. Dieses ist gemeinhin als Maisgluten bekannt.

- *Pflanzliche Nebenerzeugnisse* sind sämtliche pflanzlichen Bestandteile, welche durch die Verarbeitung von Pflanzen oder Pflanzenteilen entstehen. Dies können Abfälle aus der Lebensmittelindustrie und aus Brauerei- oder Bäckereibetrieben sein, aber bspw. auch Abfälle der Stärke-, Zucker- oder Ölgewinnung und aus der Getreide-, Holz- oder Baumwollverarbeitung. Häufig werden in der Futtermittelindustrie Erdnussschalen, Stroh, Maisstrünke aber auch Sägespäne und dergleichen eingesetzt.

Derartige Zutaten sind häufig äußerst minderwertig und nicht zur optimalen Ernährung von Katzen geeignet. Nicht umsonst werden Zutaten wie tierische oder pflanzliche Nebenerzeugnisse, Getreide oder Maiskleber als „leere Kalorien" bezeichnet, die für die Katze keinen Nährwert bringen, wenn sie in relevanten Mengen im Futter enthalten sind. Solche minderwertigen Zutaten füllen zwar den Magen der Katze und sättigen sie, ernähren die Katze aber nicht. Nahrungsbestandteile dieser Art führen deshalb nicht selten zu ernährungsbedingten Krankheiten wie Übergewicht, Futtermittelunverträglichkeiten und Allergien, Nieren- und Harnwegserkrankungen, Leberkrankheiten, Verdauungsbeschwerden mit Erbrechen, Durchfall und chronischen Darmentzündungen, Bauchspeicheldrüsenkrankheiten, Diabetes und vielen mehr.

Um fütterungsbedingte Krankheiten zu vermeiden, sollte die Katzennahrung in erster Linie aus hochwertigen tierischen Zutaten wie Muskelfleisch bestehen, ggf. angereichert mit einem gewissen Anteil an Innereien und Knochen. Muskelfleisch versorgt die Katze mit ausreichend tierischen Proteinen, den essentiellen Aminosäuren, den nötigen Fettsäuren und Energie. In Innereien sind häufig viele Vitamine, Mineralstoffe und Spurenelemente enthalten. Durch Knochen wird die Katze insbesondere mit den Mineralstoffen Kalzium und Phosphor sowie mit weiteren Mineralstoffen und Spurenelementen versorgt.

Um die Katze mit den nötigen Faserstoffen für eine ausgewogene Darmflora und gute Darmgesundheit zu versorgen, wird dem Futter ein geringer pflanzlicher Anteil zugefügt. Dieser pflanzliche Anteil in Form von Gemüse oder geringen Mengen Getreide dient nicht zur Nährstoffversorgung, sondern liefert die nötigen Faser- oder Ballaststoffe. Diese sorgen für eine gesunde Darmflora und damit für eine gute Verdauung.

Da im Handel erhältliches Muskelfleisch in der Regel nicht die gleiche Vitamin- und Mineralstoffkonzentration aufweist wie die natürlichen Beutetiere der Katze, wird das Futter beim Barfen mit Vitaminen und Mineralstoffen angereichert, um die Katze mit sämtlichen Nährstoffen ausreichend zu versorgen und ein ausgewogenes Nährstoffgleichgewicht herzustellen.

Die nachfolgende Nahrungspyramide verdeutlicht die Aufteilung der einzelnen Nahrungsbestandteile:

Abbildung 3: Nahrungspyramide der Katze.

Futter, welches dieser Ernährungspyramide entspricht, kann man seiner Katze ganz einfach selbst zusammenstellen, indem man barft. Der Begriff BARF kommt aus dem Englischen und bedeutet bones and raw food oder auf Deutsch biologisch artgerechtes rohes Futter.

BARF besteht aus frischen Zutaten – in erster Linie selbstverständlich aus Fleisch, ergänzt mit einem geringen Anteil an Innereien und ggf. Knochen. Erweitert wird das Fleisch mit einen kleinen Anteil an rohem Gemüse oder Getreide. Dies – Fleisch und Gemüse – bildet die Grundlage für BARF. Zu guter Letzt werden dem Futter die nötigen Vitamine und Mineralien sowie eine kleine Menge Wasser zugegeben, damit die Katze mit allen Nährstoffen ausreichend versorgt ist und über die Nahrung genügend Wasser aufnehmen kann, so wie es ihrer Natur als fleischfressendem Wüstenbewohner entspricht.

3.3 Welche Fleischsorten können verwendet werden?

Grundsätzlich kann jegliche Fleischsorte roh verwendet werden. Es gibt eine einzige Ausnahme: Schweineprodukte und auch Wildschwein sollten nur gegart verfüttert werden, da in Schwein der Aujeszky-Erreger vorkommen kann. Wenn eine Katze infiziertes Fleisch zu sich nimmt, kann sie an der aujeszkyschen Krankheit, der so genannten Pseudowut, erkranken. Dies ist eine Krankheit, die in jedem Fall tödlich verläuft. Um dieser Gefahr zu entgehen, sollten Schweineprodukte nur gut durchgegart verwendet werden, da der Erreger durch den Garprozess abstirbt.

Nachfolgend werden einige Fleischsorten aufgeführt, die von Katzen gerne gefressen und im BARF verwendet werden können:

Geflügel
Vom Geflügel können die Brustfilets und das Fleisch der Schenkel bzw. Keulen sehr gut verwendet werden. Herzen und Mägen sind als Innereinanteil gut geeignet. Soll die Katze einen Anteil an Knochen im Futter enthalten, können Flügel, Hälse, Keulen und sogar ganze ausgenommene Tiere wie bspw. Suppenhühner genutzt werden.

Folgende Geflügelsorten sind zur Katzenernährung besonders gut geeignet und werden von Katzen in der Regel sehr gut angenommen: Huhn, Pute bzw. Truthahn, Ente und Gans. Schleckermäulchen können auch Sorten wie Fasan, Rebhuhn, Perlhuhn, Wachtel und Strauß erhalten.

Mageres Geflügel enthält sehr viel Eiweiß und damit die wichtigen Aminosäuren. In Geflügelhaut sind viele wichtige Fettsäuren enthalten, insbesondere die Omega6-Fettsäuren wie Arachidonsäure.

Rind
Vom Rind eignen sich sämtliche Sorten wie bspw. Gulasch, Suppenfleisch, das Fleisch der Beinscheiben sowie alle Teile von Brust, Bein, Keule etc. Auch Kalb ist geeignet und wird wegen seines zarteren Geschmacks von vielen Katzen gern genommen. Rinderherz ist als Innereienanteil gut geeignet. Rindermagen ist weniger gut für die Katzenernährung geeignet, denn Rindermagen sind Pansen und Blättermagen, welche wegen ihres strengen Geruchs von den meisten Katzen nicht gefressen werden. Gut gewässerte Rinderniere und Milz können ebenfalls hin und wieder verwendet werden, jedoch sollte Niere nicht zu

häufig verfüttert werden, da sie ein Entgiftungsorgan ist. Auch Zunge wird von vielen Katzen gern gemocht. Rinder- oder Kalbsknochen sind für Katzen normalerweise zu groß und selbst in zerkleinerter oder gewolfter Form zu hart, weshalb sie in der Katzenernährung gemeinhin keine Verwendung finden.

Rindfleisch kann einen sehr unterschiedlichen Fettgehalt aufweisen, abhängig davon, von welchem Teil des Tieres das Fleisch stammt.

Schaf, Lamm und Ziege
Auch von Schaf, Lamm und Ziege eignen sich sämtliche Fleischsorten aus Brust, Rücken oder Keule usw. Schaf ist etwas strenger im Geschmack als Lamm, deshalb bevorzugen viele Katzen Lamm. Auch Lamm- oder Schafherz sowie gewässerte Nieren oder Milz können als Innereienanteil verwendet werden. Nieren sollten jedoch – wie beim Rind – nur selten verfüttert werden. Da auch Schafe Wiederkäuer sind, ist ihr Magen oder Pansen wegen seines strengen Geruchs für die meisten Katzen nicht geeignet. Knochen von Schaf, Lamm oder Ziege sind für Katzen zu groß und zu hart, weshalb sie zur Fütterung ebenfalls eher ungeeignet sind.

Lamm- und Schaffleisch ist in der Regel fetthaltig und enthält damit viele wertvolle Fettsäuren und Energie.

Pferd
Pferdefleisch ist eher dunkel und sehr kräftig im Geschmack. Vom Pferd eignen sich sämtliche Fleischsorten aus Brust, Rücken oder Keule usw. Auch Pferdeherz kann in der Katzennahrung Verwendung finden. Die Knochen sind für Katzen zu groß und zu hart, darum sind sie zur Fütterung eher ungeeignet.

Häufig wird bei einer Ausschlussdiät im Falle einer Allergie geraten, diese mit Pferdefleisch durchzuführen und deshalb – für den Fall der Fälle – Pferd nicht im regulären BARF zu verfüttern. Sicher kann eine solche Ausschlussdiät mit Pferd durchgeführt werden, jedoch ist Pferdefleisch nicht unbedingt besser für eine solche Diät geeignet, als jede andere Fleischsorte, welche die Katze ohne Symptome verträgt. Hinzu kommt, dass Katzen, welche bereits Fertigfutter oder auch industriell hergestellte Leckerchen erhalten haben, mit großer Wahrscheinlichkeit auch schon Pferd gefressen haben. Pferdefleisch wird zwar nicht deklariert, ist aber dennoch häufig in Fertigfutter enthalten. Somit stellt Pferdefleisch für diese Katzen keine unbekannte und damit allergenfreie Fleischsorte dar.

Schwein

Vom Schwein können bspw. Gulasch, Schnitzel oder Kotelett verwendet werden, aber selbstverständlich können Katzen sämtliche Teile vom Schwein erhalten. Wichtig ist, dass Schweineprodukte nur gegart verfüttert werden, da sich die Katze ansonsten mit dem Aujeszky-Virus infizieren kann. Gut geeignete Innereien sind Herz und Zunge. Auch gut gewässerte Niere kann hin und wieder in kleinen Mengen verfüttert werden. Da Schweineprodukte nur gegart verfüttert werden sollten, sind Schweineknochen nicht geeignet, denn Knochen dürfen nur roh verfüttert werden. Zudem sind Schweineknochen für Katzen in der Regel zu groß und zu hart.

Schwein enthält – je nach Sorte – viel Fett und damit viele wertvolle Omega6-Fettsäuren. Außerdem enthält Schweinefleisch reichlich Vitamin B, insbesondere Vitamin B1.

Wild

Wild sollte vor der Verfütterung für mindestens zwei Wochen bei -18°C eingefroren werden. Wildfleisch kann verschiedene Würmer übertragen; durch das Einfrieren werden diese abgetötet. Alternativ kann das Wildfleisch gegart verwendet werden. Auch durch das Garen werden Parasiten abgetötet. Diese Vorsichtsmaßnahme entfällt bei gezüchteten Kaninchen; Einfrieren ist nur bei Wildkaninchen und anderen Wildtieren nötig.

Folgende Sorten können in der Katzenernährung verwendet werden: Kaninchen, Wildkaninchen, Hase, Reh, Hirsch, Wildschwein, außerdem Wildgeflügel wie bspw. Wildenten oder Fasan. Für Wildschwein gelten die gleichen Vorsichtsmaßnahmen wie für andere Schweineprodukte – nur gegart verfüttern, damit sich die Katze nicht mit dem Aujeszky-Virus infiziert.

Aufgrund der natürlichen Ernährungsweise der Wildtiere besitzen Wildprodukte ein ausgewogeneres Verhältnis der Fettsäuren gegenüber konventionell gemästeten Tieren.

Exoten

Auch Fleisch von Exoten wie bspw. Känguru, Antilope, Gnu oder Guanako, aber auch Elch oder Rentier können verfüttert werden. Um die Gefahr einer Parasitenübertragung zu minimieren, sollten auch solche Produkte genau wie Wildprodukte vor der Verfütterung tiefgefroren werden, um eventuell vorhandene Würmer oder deren Vorstadien abzutöten.

Fisch

Nicht nur Fleisch, sondern auch Fisch kann im Katzen-BARF verwendet werden. Manche Fischarten enthalten Thiaminase. Dies ist ein Enzym, welches Thiamin bzw. Vitamin B1 zerstört. Fisch, welcher dieses Enzym enthält, sollte entweder nur gut durchgegart verfüttert werden, da dadurch die Thiaminase zerstört wird, oder die Katze sollte im Laufe der folgenden Mahlzeiten einen Vitamin B-Ausgleich in Form von Bierhefe oder Vitamin B-Komplex erhalten.

Folgende Fischsorten sind thiaminasefrei und können bedenkenlos roh verfüttert werden: Lachs (Salm und Oncorhynchus-Arten), Regenbogenforelle, Dorsch bzw. Kabeljau, Heilbutt, Seelachs und Alaska-Seelachs, Makrele (Scomber scombrus), Dorade, Rotbarsch, Scholle, Seehecht, Thunfisch sowie Aal, Hecht und verschiedene Barsche wie Gelbbarsch, Steinbarsch oder Schwarzbarsch.

Folgende Fischsorten enthalten Thiaminase und sollten deshalb nur gegart oder mit einem Vitamin B-Ausgleich an Katzen verfüttert werden: Sardelle bzw. Anchovis, Hering, japanische Makrele (Scomber japonicus), Gelbflossen-Thunfisch (Thunnus albacares) sowie Karpfen, Goldfisch, Stint, Zander, Wolfsbarsch, Brasse, Butterfisch, Maifisch, Neunauge und Quappe[2].

Fisch enthält nur sehr wenig Bindegewebe, aber viel hochwertiges Eiweiß und ist deshalb besonders leicht bekömmlich und insbesondere für die Ernährung von empfindlichen Katzen gut geeignet. Außerdem enthält Fisch ausgesprochen viel Vitamin D sowie viele Spurenelemente wie bspw. Jod und Magnesium und vor allem die wertvollen Omega3-Fettsäuren in den Fischölen.

Je nachdem, wie die Katze es verträgt und es ihrem Geschmack entspricht, kann im BARF ausschließlich Muskelfleisch oder Muskelfleisch in Kombination mit Innereien und Knochen verwendet werden.

Sollen Innereien verwendet werden, können die tierischen Futterbestandteile bspw. aus 80 % Muskelfleisch und 20 % Muskel-Innereien wie Herzen, Mägen oder Zunge bestehen. Sollen weitere Innereien wie Milz, Niere oder Lunge verwendet werden, kann das Futter aus 70 % Muskelfleisch, 20 % Muskel-Innereien und 10 % weiteren Innereien bestehen.

---

2 Dies ist nur eine kleine Auswahl an thiaminasehaltigen Fischsorten.

Möchte man zudem Knochen verfüttern, kann man 70 % Muskelfleisch und bis zu 30 % fleischige Knochen wie Hühnerflügel, Hühnerhälse, Hühnerunterkeulen oder Geflügelrückenstücke verwenden. Oder man verwendet 90 % Muskelfleisch und 10 % reine Knochen wie Karkassen oder ausgebeinte, also vom Fleisch befreite Knochen.

Möchte man seiner Katze die volle Vielfalt bieten und sowohl Innereien als auch Knochen verwenden, kann man 40 % Muskelfleisch, 30 % fleischige Knochen, 20 % Muskel-Innereien und 10 % weitere Innereien verwenden. Oder man verfüttert 60 % Muskelfleisch, 20 % Muskel-Innereien, 10 % weitere Innereien und 10 % reine Knochen.

In der nachfolgenden Tabelle werden diese verschiedenen Möglichkeiten zusammengefasst:

ohne Innereien, ohne Knochen	mit Innereien, ohne Knochen	ohne Innereien, mit Knochen	mit Innereien, mit Knochen
100% Muskelfleisch	80% Muskelfleisch 20% Muskel-Innereien wie Herz, Magen oder Zunge oder 70% Muskelfleisch 20% Muskel-Innereien 10% weitere Innereien wie Milz, Niere oder Lunge	70% Muskelfleisch 30% fleischige Knochen oder 90% Muskelfleisch 10% reine Knochen	40% Muskelfleisch 30% fleischige Knochen 20% Muskel-Innereien 10% weitere Innereien oder 60% Muskelfleisch 10% reine Knochen 20% Muskel-Innereien 10% weitere Innereien

Tabelle 2: Zusammensetzung der tierischen Futterbestandteile beim Barf

Die natürliche Katzenernährung bzw. das BARF sollte möglichst abwechslungsreich gestaltet werden, deshalb sollten möglichst viele der genannten Tier- und Fleischsorten verfüttert werden. Durch die Abwechslung nicht nur in den Fleischsorten sondern auch in dem verwendeten Anteil an Muskelfleisch, Innereien und ggf. Knochen werden geringe Über- und Unterversorgungen in der Ernährung ausgeglichen. Außerdem variiert auf diese Weise der Gehalt der unterschiedlichen Aminosäuren und Fettsäuren und die Katze erhält über eine abwechslungsreiche Ernährung sämtliche Nährstoffe, die sie benötigt, um gesund zu bleiben.

3.4 Welche pflanzlichen Futterbestandteile können verwendet werden?

Wie bereits in den vorangegangenen Kapiteln erwähnt wurde, enthält BARF auch einen geringen pflanzlichen Anteil in Form von Gemüse, eingeweichtem Getreide oder sogar Obst. Diese pflanzlichen Zutaten ersetzen im BARF Fell und Federn und, wenn sie gegart verabreicht werden, in gewissem Maße den Darm- und Mageninhalt der Beutetiere. Mit dem pflanzlichen Anteil erhält die Katze die nötigen Faserstoffe für eine funktionierende Darmflora und damit für eine gute Darmgesundheit.

Wie in der natürlichen Katzenernährung, sollte der pflanzliche Anteil auch im BARF nur einen geringen Anteil ausmachen. Mengen von 5 bis maximal 10 % bezogen auf die Fleischmenge sind hierbei in der Regel vollkommen ausreichend. Dies bedeutet, dass je kg tierischem Anteil dem BARF 50 bis 100 g pflanzlicher Anteil zugegeben werden. Entscheidend ist hierbei das Feuchtgewicht des pflanzlichen Anteils, also das frische Gemüse oder die eingeweichten Zutaten wie Gemüse- oder Getreideflocken bzw. die fertig gekochten Zutaten wie bspw. Nudeln.

Auch wenn Getreide und Obst an dieser Stelle als mögliche pflanzliche Bestandteile der Katzenernährung genannt werden, sollten doch vorwiegend Gemüsesorten verwendet werden. Getreide kann bei empfindlichen Katzen oder bei bestimmten Krankheiten zu Durchfällen und weiteren Verdauungsproblemen führen. Manche Getreidesorten wie bspw. Weizen stehen darüber hinaus im Verdacht, Allergien oder Futtermittelunverträglichkeiten auszulösen. Obst enthält in der Regel Zucker und Säuren und sollte aus diesem Grund – wenn überhaupt – nur selten und in geringem Umfang in der Katzenernährung eingesetzt werden.

Gemüse
Folgende Sorten sind gut geeignet:
Karotten bzw. Möhren, rote Beete, Salat, Katzengras, Zucchini, Gurke, sehr reife Tomaten, Kürbis, gekochte Kartoffeln oder gekochter Spargel. Anstatt frischem Gemüse können auch eingeweichte Gemüseflocken verwendet werde.

Um als Faser- bzw. Ballaststoff zu wirken, sollte das Gemüse möglichst roh verfüttert werden. Durch Garen werden die Pflanzenstoffe aufgeschlossen und für den Katzenorganismus verwertbar gemacht. Durch Kochen kann sich also der Ballaststoffcharakter vermindern oder sogar gänzlich verloren gehen. Das Gemüse wird vor der Verfütterung demnach lediglich geputzt und dann geraspelt oder püriert.

Wegen der blähenden Eigenschaften sollten Kohlsorten – darunter auch Brokkoli und Blumenkohl – sowie Hülsenfrüchte wie Bohnen oder Erbsen nicht verwendet werden.

Auf Zwiebelgewächse, Lauch und auch Knoblauch sollte wegen der enthaltenen Schwefelverbindungen verzichtet werden, da durch diese die roten Blutkörperchen zerstört werden, was zu Blutarmut führen kann.

Wegen der enthaltenen Oxalsäure, welche zur Entstehung von Oxalatsteinen (Harnsteine) beitragen kann, sollte auf oxalsäurehaltige Sorten wie Mangold oder Spinat verzichtet werden.

Rohe unreife Tomaten mit grünen Stellen oder grüne Paprika sowie Paprika mit grünen Stellen sollten ebenfalls nicht verfüttert werden, da sie giftiges Solanin enthalten. Aus dem gleichen Grund sind auch rohe Kartoffeln nicht zu empfehlen.

Obst

Wegen des hohen Fruchtzuckergehaltes sollte Obst selten und in sehr geringen Mengen verfüttert werden.
Geeignete Sorten sind bspw. Äpfel, Birnen, reife Beeren oder Melone (ohne Kerne).
Ungeeignete Sorten sind Zitrusfrüchte wie Zitronen, Orangen oder Mandarinen und tropische Früchte wie Papayas oder Kiwis. Auch auf Avocados sollte wegen der für Tiere giftigen Persine verzichtet werden.
Wie das Gemüse wird auch das Obst vor der Verwendung gewaschen und ggf. geputzt und anschließend gut zerkleinert.

Getreide

Getreide sollte grundsätzlich nur eingeweicht verwendet werden.

Getreideflocken wie Hafer- oder Dinkelflocken oder auch Kleie sind gut geeignete Sorten. Weniger geeignet sind Reis oder Weizen. Weizen ist häufig ein Allergieauslöser und sollte deshalb möglichst nicht im Katzenfutter verwendet werden.

Wird das Getreide gekocht, wie bspw. Reis aber auch Nudeln, Gries, Kleie oder andere Stärkeprodukte, so vermindert sich der Ballaststoffcharakter, da die Katze, obwohl sie ein strikter Fleischfresser ist, aufgeschlossene Kohlenhydrate erstaunlich gut verwerten kann. Aus diesem Grund wird Getreide in kommerziellem Katzenfutter häufig in großen Mengen als preiswerter Energieträger und Lieferant von minderwertigem pflanzlichen Eiweiß eingesetzt.

Eine Katze sollte am Tag maximal 5 g Kohlenhydrate je kg Körpergewicht aufnehmen, da es ansonsten zu Durchfällen kommen kann. Eine Katze mit 5 kg Körpergewicht sollte deshalb täglich nicht mehr als 25 g Kohlenhydrate erhalten [10, S. 1306].

Weitere Faserstoffe

Dem Futter können anstelle von Gemüse, Obst oder Getreide auch reine Faserstoffe zugesetzt werden. Häufig werden Flohsamenschalen (Plantago ovata oder Plantago psyllium) eingesetzt. Auch ungeschroteter Leinsamen oder Sesam können verwendet werden. Weitere mögliche Faserstoffe sind Zellulose, Erbsenfasern oder rohe Kartoffel- oder Maistärke.

All diese Ballaststoffe sollten dem Futter nur eingeweicht und in wassergesättigter Form zugesetzt werden. Insbesondere Flohsamenschalen können zu Verstopfung führen, wenn diese nicht in ausreichend Wasser eingeweicht wurden und nicht lange genug gequollen sind.

Kräuter

Kräuter oder weitere Pflanzen wie Aloe Vera oder Yucca haben häufig Heilwirkungen und sollten der Katze deshalb nur bei entsprechender Indikation zur Behandlung von Krankheiten verabreicht werden. Hierzu sollte man sich vor der Verwendung solcher Pflanzen von einem in der Phytotherapie ausgebildeten Tierarzt oder Tierheilpraktiker beraten lassen.

3.5 Welche Ergänzungsmittel sind im BARF notwendig?

Abbildung 4: Erst durch die Supplementierung entsteht eine ausgewogene Katzennahrung.

Da das Fleisch, welches üblicherweise im Handel erhältlich ist, bereits ausgenommen und ausgeblutet angeboten wird, sowie bestimmte Körperteile wie bspw. der Kopf und die meisten Innereien fehlen, muss das BARF mit Zusatzmitteln ergänzt werden. Das im Handel erhältliche Fleisch enthält Nährstoffe und Vitamine nicht in der Konzentration, wie die natürliche Beute der Katze. Diese Ergänzungsmittel werden im „BARF-Jargon" häufig Supplemente genannt.

Nachfolgend wird erläutert, welche Nährstoffe im Fleisch fehlen könnten, und welche Supplemente dem BARF zugefügt werden, damit eine vollwertige und ausgewogene Katzennahrung entsteht.

Vitamin A
Vitamin A bzw. Retinol ist besonders wichtig für die Augengesundheit, das Skelettwachstum, die Fortpflanzung und die Gewebegesundheit und beeinflusst außerdem bestimmte Hormone wie die Schilddrüsenhormone [2, S. 103] [3, S. 36]. Eine ausgewachsene Katze benötigt zwischen 60 und 700 IE[3] Vitamin A je kg Körpergewicht täglich [10, S. 1311] [11, S. 14, 18] [12, S. 5]. Da Katzen im Gegensatz zu vielen anderen Tierarten Vitamin A nicht aus β-Karotin selbst bilden können, muss ihre Nahrung zwingend tierisches vorgeformtes Retinol enthalten.

Bei einem Vitamin A-Überschuss kann es zu Skelettdeformationen, Spondylose, Störungen des Kalziumstoffwechsels, Gewebeverkalkung, Leberverfettung, Wachstumsstörungen, Abmagerung, Blutgerinnungsstörungen, Konjunktivitis und Hautverdickungen kommen. Um solche Störungen zu vermeiden, sollte Vitamin A nicht längere Zeit über Bedarf gefüttert werden [2, S. 104] [3, S. 38f].

Ein Vitamin A-Mangel kann zu Rachitis, Skelettschäden, Augenkrankheiten, geschwächtem Immunsystem, Schwäche und schlechtem Fell führen [2, S. 104] [3, S. 37f].

Um die Katze mit ausreichend Vitamin A zu versorgen, wird dem BARF in der Regel Leber zugesetzt. Je nach Art der Leber und dem Vitamin A-Gehalt sind Mengen von bis zu 20 g je kg Fleisch ausreichend.

Vitamin A ist ein fettlösliches Vitamin und kann im Körper gespeichert werden, deshalb ist es nicht unbedingt notwendig, dass die Katze täglich mit ihrer Nahrung Vitamin A aufnimmt.

---
3 IE bedeutet Internationale Einheit.

Vitamin D

Vitamin D ist besonders wichtig für den Knochenstoffwechsel [2, S. 104f] [3, S. 85f]. Eine ausgewachsene Katze benötigt als Tagesdosis zwischen 5 und 10 IE Vitamin D je kg Körpergewicht [3, S. 87] [10, S. 1311] [11, S. 14, 18] [12, S. 5]. Katzen – auch Nacktkatzen und Freigänger – können im Gegensatz zu vielen anderen Tierarten mithilfe von Sonnenlicht kein Vitamin D in der Haut bilden [3, S. 85]. Auch können sie das in Pflanzen vorhandene Vitamin D_2 nicht verwerten, deshalb muss ihre Nahrung ausreichend tierisches Vitamin D_3 enthalten [2, S. 104].

Ein Vitamin D-Überschuss kann zur Verkalkung der Weichteilgewebe, Hyperkalziämie (Kalziumüberschuss) und zur Entmineralisierung der Knochen führen [2, S. 105] [3, S. 87f]. Da im Organismus allerdings nur das aus Vitamin D_3 in Leber und Nieren umgewandelte Calcitriol aktiv ist, welches jedoch nur bei Bedarf vom Körper gebildet wird, ist eine kurzzeitige Überversorgung nicht ernsthaft dramatisch. Dennoch sollte Vitamin D nicht über einen längeren Zeitraum über Bedarf gefüttert werden.

Ein Vitamin D-Mangel kann zu Rachitis bei Kitten oder Osteomalazie bei ausgewachsenen Katzen führen, außerdem zu Osteoporose, Knochenbrüchen und vermindertem Wachstum [2, S. 105] [3, S. 87f].

Um die Katze mit ausreichend Vitamin D zu versorgen, wird im BARF üblicherweise Vitamin D-haltiger Fisch verwendet. Hierzu sind bspw. 20 g Regenbogenforelle oder 100 g Lachs (Salmo Salar) je kg Fleisch ausreichend. Wird als Komponente der tierischen Bestandteile auch Fisch verwendet, kann sich die angegebene Menge verringern. Auch bei Verwendung von Lammherz sinkt die notwendige Menge an Fisch, da Lammherz sehr Vitamin D-haltig ist. Lammherz enthält etwa die gleiche Menge Vitamin D wie Lachs (Salmo Salar).

Auch Vitamin D ist ein fettlösliches Vitamin und muss deshalb nicht zwingend täglich in der Katzennahrung enthalten sein, da es im Körper gespeichert werden kann.

Vitamin E

Vitamin E ist ein Antioxidanz und schützt die Zellwände vor der Zerstörung durch freie Radikale oder andere oxidative Prozesse. Eine ausgewachsene Katze benötigt 2 IE Vitamin E je kg Körpergewicht täglich [3, S. 115] [10, S. 1311] [11, S. 14] [12, S. 5]. Außerdem steigt der Vitamin E-Bedarf bei zunehmendem Gehalt an mehrfach ungesättigten Fettsäuren [2, S. 106].

Bei einer normalen, ausgewogenen Ernährung ist ein Vitamin E-Überschuss mit negativen Folgen kaum zu erwarten, da Vitamin E auch bei sehr hohen Dosierungen relativ untoxisch ist. Lediglich die Aufnahme der anderen fettlöslichen Vitamine A und D kann bei einem Vitamin E-Überschuss vermindert sein [3, S. 116f], daher sollte eine Überdosierung trotz der generellen Ungefährlichkeit vermieden werden.

Ein Vitamin E-Mangel kann zu einer Degeneration der Herzmuskeln oder der Körpermuskulatur führen, außerdem zu Nervenschäden und zu Fortpflanzungsstörungen. Wenn die Katze sehr viele mehrfach ungesättigte Fettsäuren in der Nahrung (z. B. bei übermäßiger Fischfütterung oder der Verwendung von Ölen) ohne ausreichende Vitamin E-Zufuhr erhält, kann sie außerdem eine Steatitis bekommen. Dies ist eine sehr schmerzhafte Krankheit, bei der sich das Körperfett entzündet [2, S. 107] [3, S. 115f].

Vitamin E kommt in relevanten Mengen hauptsächlich in der Pflanzenwelt vor. Um das BARF mit ausreichend Vitamin E anzureichern, werden in der Regel Tropfen, Kapseln oder auch Pulver verwendet. Je kg Fleisch müssen etwa 100 IE Vitamin E ergänzt werden. Außerdem erhöht sich der Vitamin E-Bedarf um 5 bis 10 IE je Gramm ungesättigte Fettsäuren im Futter.

Da Vitamin E ein fettlösliches Vitamin ist, kann es im Körper gespeichert werden und muss deshalb nicht täglich im Futter enthalten sein.

Vitamin B
Die B-Vitamine sind ein gesamter Komplex aus verschiedenen Einzelvitaminen. Sie sind notwendig für die Nervenfunktionen, die Haut- und Fellgesundheit, das Immunsystem, eine gesunde Herzfunktion, die Blutbildung, die Fortpflanzung, das Wachstum und die Embryonalentwicklung sowie für den Protein-, Fett- und Energiestoffwechsel [2] [3][10].

Da die B-Vitamine wasserlöslich sind, ist eine Überversorgung unschädlich, da überschüssige Vitamine mit dem Urin ausgeschieden werden.

Vitamin B-Mangel kann zu gestörtem Protein- und Energiestoffwechsel führen, zu gestörtem Immunsystem und Infektanfälligkeit, zu schlechtem Fell und Hautkrankheiten, Fruchtbarkeitsstörungen, vermindertem Wachstum, Nervenstörungen, Abmagerung, Verdauungsstörungen, Verstopfung, Blutarmut, degenerativen Herz- und Muskelerkrankungen und Harnsteinen (Oxalatsteine bei Vitamin B6-Mangel) [2] [3] [10].

Damit derartige Mangelsymptome nicht auftreten, wird dem BARF Vitamin B in Form von Bierhefe oder einem konzentrierten Vitamin B-Komplex zugefügt. Eine Kapsel eines Vitamin B-Komplexes ist hierbei ausreichend für 1 kg Fleisch.

Phosphor
Der Mineralstoff Phosphor ist Bestandteil von Knochen und Zähnen [4, S. 38]. Phosphor ist wichtig für die Muskelfunktion, den Fett-, Eiweiß- und Kohlenhydratstoffwechsel, die Energieproduktion und die Fortpflanzung [2, S. 83, 88f]. Eine ausgewachsene Katze benötigt zwischen 40 und 100 mg Phosphor je kg Körpergewicht täglich [2, S. 91] [11, S. 11] [12, S. 5].

Ein Phosphorüberschuss kann die Bildung von Harnsteinen, eine Verkalkung der Weichteilgewebe, Verlust von Knochensubstanz und einen sekundären Hyperprathyroidismus zur Folge haben. Außerdem geht ein Phosphorüberschuss immer auch mit einem Kalziummangel einher [2, S. 83, 88f, 91].

Ein Phosphormangel kann zu vermindertem Wachstum, Appetitmangel, verminderter Mineralisierung der Knochen, Rachitis bei Kitten und Osteomalazie bei ausgewachsenen Katzen, Knochenbrüchen und Zahnausfall führen [2, S. 83, 88f, 91].

Viel Phosphor ist bereits im Fleisch und in Knochen enthalten. Meist reicht diese Menge jedoch noch nicht aus, um den Bedarf der Katze zu decken, daher wird fehlendes Phosphor beim Barfen mit Knochenmehl oder Di-Calcium-Phosphat ergänzt. Hierzu sind je kg Fleisch (ohne Knochen) ca. 3 g Knochenmehl oder Di-Calcium-Phosphat erforderlich.

Kalzium
Kalzium ist ebenso wie Phosphor Bestandteil von Knochen und Zähnen und wichtig für die Muskelfunktion, die Nervenleitung, die Blutgerinnung und die Durchlässigkeit der Zellmembranen [2, S. 83, 88f] [4, S. 38]. Eine ausgewachsene Katze benötigt täglich zwischen 45 und 110 mg Kalzium je kg Körpergewicht [2, S. 91] [11, S. 11] [12, S. 5].

Ein Kalziumüberschuss kann zu Nephrose (eine chronische Nierenerkrankung), Harnsteinen, Lahmheit, Gelenkschäden und Appetitmangel führen [2, S. 83, 88f, 91].

Bei einem Kalziummangel können die gleichen Schädigungen auftreten wie bei einem Phosphormangel, außerdem Lahmheit sowie Krämpfe [2, S. 83, 88f, 91].

Neben der absoluten Menge an Kalzium und Phosphor ist auch ihr Mengenverhältnis im Futter wichtig. Das Kalzium-Phosphor-Verhältnis (Ca/P) sollte zwischen eins und zwei liegen (Ca/P = 1:1 bis 2:1) Nierengesunde ausgewachsene Katzen erhalten ein Futter mit einem Verhältnis ca. bei 1:1 bis 1,1:1. Kitten sollten eine Nahrung mit einem Verhältnis von 1,15:1 erhalten [2, S. 89].

Bei nierenkranken Katzen sollte das Verhältnis bei 1,5:1 bis 2:1 liegen [10, S. 1321]. Diese Angaben sind etwas irreführend, da bei Nierenkrankheiten häufig eine phosphorreduzierte Diät angezeigt ist [2, S. 953, 977] [13, S. 256ff]. Das Verhältnis liegt also korrekt ausgedrückt bei Ca/P = 1:0,67 bis 1:0,5. Phosphor wird bei Nierenkrankheiten auf 2/3 bis die Hälfte reduziert, Kalzium wird bedarfsdeckend gefüttert.

Um das BARF für gesunde, ausgewachsene Katzen ausreichend mit Kalzium anzureichern, ist je kg Fleisch durchschnittlich 5 g fein gemahlene Eierschale oder Calcium-Carbonat oder 8 g Calcium-Citrat notwendig.

Natrium und Chlor
Natrium und Chlor erfüllen gemeinsame Funktionen im Säure-Basen-Haushalt, bei der Übertragung von Nervenimpulsen, sind wichtig für die Nährstoffaufnahme der Zelle, die Aufrechterhaltung des osmotischen Druckes und den Flüssigkeitshaushalt [2, S. 92f]. Eine ausgewachsene Katze benötigt täglich etwa 80 mg Natrium und 120 mg Chlor je kg Körpergewicht [2, S. 93] [11, S. 13] [12, S. 5]. Von Bedeutung ist hierbei außerdem das Kalium-Natrium-Verhältnis (K/Na), welches zwischen 1:1 und 3:1 liegen sollte. Ein Verhältnis von 1:1 gilt hierbei für gesunde Katzen und ein höheres Verhältnis von bspw. 2:1 oder sogar 3:1 für Katzen, welche aus medizinischen Gründen eine natriumreduzierte Diät erhalten sollen.

Negative Auswirkungen bei einem Überschuss an Natrium und Chlor sind nur bei unzureichender Flüssigkeitsaufnahme zu erwarten. Dann kann es zu Juckreiz, Krämpfen und Verstopfung kommen [2, S. 83, 92f].

Ein Mangel an Natrium und Chlor kann zu Störungen im Flüssigkeitshaushalt, Müdigkeit, Abmagerung und Haarausfall führen [2, S. 83].

Um Natrium und Chlor im BARF zu ergänzen, wird dem Futter Kochsalz (Natriumchlorid) zugefügt. Hierzu können bspw. jodfreies Tafelsalz, Meersalz, Himalajasalz oder Steinsalz verwendet werden. Üblicherweise werden durchschnittlich ca. 3 bis 5 g Salz je kg Fleisch (ohne Knochenzusatz) benötigt.

Eisen

Das Spurenelement Eisen ist wichtig für den Sauerstofftransport, die Sauerstoffaktivierung, die Immunabwehr und die Zerstörung von freien Radikalen in der Zelle [2, S. 93] [4, S. 41f]. Eine ausgewachsene Katze benötigt zwischen 1,3 und 1,5 mg Eisen je kg Körpergewicht täglich [2, S. 94] [11, S. 13] [12, S. 5].

Ein Eisenüberschuss kann zu Abmagerung, Nierenschwäche und Hämosiderose (Eisenspeicherkrankheit) führen.

Ein Eisenmangel kann Anämie (Blutarmut), raues Fell, vermindertes Wachstum, Unruhe, Müdigkeit, verminderte Leistungsfähigkeit und Immunschwäche zur Folge haben [2, S. 83].

Um das BARF mit Eisen zu ergänzen, können Blut oder Trockenblutprodukte wie Blutmehl oder Fortain (sprühgetrocknetes Schweineblut der Firma Fortan) aber auch synthetische Eisenpräparate in Form von Tropfen oder Tabletten verwendet werden. Um ausreichend Eisen zuzuführen, wird je kg Fleisch durchschnittlich 8 g Fortain oder 10 g Blutmehl oder ½ Eisentablette (mit 50 mg Eisengehalt je Tablette) benötigt. Auch die Zugabe von 50 g Rinderblut je kg Fleisch ist möglich.

Jod

Jod ist Bestandteil der Schilddrüsenhormone T3 und T4 und ist besonders wichtig für die Wärmeregulierung, die Fortpflanzung, die Haut- und Fellgesundheit, die Psyche und das Immunsystem. Außerdem wird Jod für viele Stoffwechselvorgänge benötigt, an denen die Schilddrüse beteiligt ist [2, S. 97]. Eine ausgewachsene Katze ohne Schilddrüsenkrankheiten benötigt zwischen 15 und 50 µg Jod täglich [11, S. 13] [12, S. 5].

Ein Jodüberschuss kann zu Appetitmangel, Unruhe, schlechter Fellqualität, Immunschwäche, Fieber, Kropf und Schilddrüsenüberfunktion führen [2, S. 97].

Die Symptome eines Jodmangels sind häufig die gleichen wie bei einem Jodüberschuss, außerdem führt Jodmangel zu Fruchtbarkeitsstörungen, Haarausfall und Apathie. Auch ein Jodmangel kann eine Schilddrüsenüberfunktion zur Folge haben [2, S. 97].

Um das BARF mit dem nötigen Jod anzureichern, können entweder jodhaltiger Seefisch oder Algen wie Seealgenmehl (Ascophyllum nodosum) verwendet werden. Mengenangaben für Seefisch können an dieser Stelle nicht gemacht werden, denn die nötige Menge ist vom Jodgehalt des verwendeten Fisches abhängig. Vom Seealgenmehl wird je nach Jodgehalt durchschnittlich etwa 1 g je kg Fleisch verwendet.

Aminosäure Taurin

Taurin ist besonders wichtig für die Funktion von Augen und Herz [1, S. 41] [2, S. 69] [11, S. 8, 12] [14, S. 18]. Eine ausgewachsene Katze benötigt etwa 20 bis 80 mg Taurin je kg Körpergewicht täglich. Da Taurin nicht im Körper gespeichert werden kann, muss es täglich in der Nahrung enthalten sein.

Ein Taurinüberschuss ist bei einer normalen ausgewogenen Ernährung nicht zu erwarten. Außerdem scheidet die Katze Taurin permanent mit dem Kot aus. Dennoch sollte Taurin ohne medizinische Indikation nicht längerfristig über Bedarf gefüttert werden.

Ein Taurinmangel führt zu Sehstörungen und Netzhautdegeneration bis hin zur Erblindung und zu Herzkrankheiten (dilatative Kardiomyopathie).

Taurin wird dem BARF üblicherweise in Form von reinem Taurinpulver zugefügt. Dieses ist für Katzen am besten verwertbar. Je kg Fleisch sind ca. 2 g Taurinpulver nötig.

Energie

Katzen beziehen die nötige Energie optimalerweise aus Proteinen und tierischem Fett. Abhängig vom Alter, der Aktivität, dem Geschlecht, der Felldichte und der Umgebungstemperatur benötigt eine ausgewachsene Katze durchschnittlich 35 bis 50 kcal je kg Körpergewicht. Wenn die Katze sehr aktiv oder krank ist, oder es sich um Deckkater oder trächtige bzw. laktierende Kätzinnen handelt, kann der Energiebedarf um ein Vielfaches ansteigen.

Bei einem Energieüberschuss kommt es zu Gewichtszunahme mit Übergewicht. Ein Energiemangel führt zu Gewichtsabnahme und Abmagerung.

Die nötige Energie wird dem BARF durch Fett wie Geflügelhaut, Schmalz oder Talg zugefügt. Normalerweise ist eine Fettzufuhr nicht nötig, wenn viele verschiedene Fleischsorten mit unterschiedlichem Fettgehalt verwendet werden. Wird hauptsächlich mageres Fleisch verfüttert, kann es notwendig sein je kg Fleisch 50 bis maximal 100 g Fett zu ergänzen.

Der Fettgehalt der Nahrung sollte stets dem Energiebedarf der Katze angepasst werden. Nimmt die Katze zu oder wird dick, ist weniger bis gar kein zusätzliches Fett erforderlich, magert die Katze ab, sollte etwas mehr Fett zugefügt werden. Hierzu sind eine genaue Beobachtung der Katze und eine regelmäßige (etwa monatliche) Gewichtskontrolle erforderlich. Außerdem sollte die Statur der Katze überprüft werden.

Fettsäuren

Für die Katze besonders wichtig ist eine ausreichende Versorgung mit den Fettsäuren Linolsäure, Linolensäure und Arachidonsäure [6, S. 12ff]. Diese Fettsäuren sind für die Katze essentiell, was bedeutet, dass sie diese nicht selbst bilden kann und daher mit der Nahrung aufnehmen muss. In der Katzenernährung sind insbesondere die Omega3-Fettsäuren (n3) und die Omega6-Fettsäuren (n6) von Bedeutung. Das optimale Verhältnis dieser Fettsäuren liegt bei n6:n3 = 5:1 bis 10:1. In der Nahrung sollten also je fünf bis zehn Teile Omega6-Fettsäuren ein Teil Omega3-Fettsäuren enthalten sein.

Ein Mangel an bestimmten Fettsäuren kann zu schlechter Fell- und Hautqualität sowie entzündlichen Erkrankungen wie Gelenkerkrankungen oder Darmerkrankungen führen [1, S. 29] [2, S. 79].

Ein Fettsäurenüberschuss geht meist mit einem generellen Überschuss an Fett einher und kann Übergewicht zur Folge haben. Ein Überschuss an einer bestimmten Sorte Fettsäuren zieht meist einen Mangel an der anderen Fettsäurenart nach sich. So kann ein Überschuss an Omega6-Fettsäuren durch die vermehrte Zugabe von Omega3-Fettsäuren ausgeglichen werden.

Omega6-Fettsäuren sind in der Regel ausreichend im Fleisch enthalten, insbesondere wenn auch fettigere Sorten oder sogar Fett in Form von Geflügelhaut oder Schmalz gefüttert werden. Ein Zusatz von n6-Fettsäuren ist dann in der Regel nicht erforderlich.

Omega3-Fettsäuren müssen dem BARF häufig zugegeben werden, um das gewünschte Fettsäurenverhältnis zu erreichen und entzündliche Prozesse und Fellkrankheiten zu vermeiden. Besonders n3-haltig sind fetter Fisch oder Fischöle wie Lachsöl aber auch Leinöl. Je nach Fettgehalt des Futters können dem BARF 1 bis 2 g Lachsöl oder Leinöl je kg Fleisch zugegeben werden. Je mehr Fett das Futter enthält, desto mehr Omega3-Fettsäuren sind zum Ausgleich erforderlich.

Abbildung 5: Insbesondere Öle von Kaltwasserfischen wie Lachsöl liefern wertvolle Omega3-Fettsäuren.

In der nachfolgenden Tabelle wird noch einmal zusammengefasst, welches Supplement zur Ergänzung der einzelnen Nährstoffe im BARF verwendet wird und welche Mengen je kg Fleisch durchschnittlich erforderlich sind:

Nährstoff	Supplement	Menge je kg Fleisch
Vitamin A	Leber	ca. 5 – 20 g
Vitamin D$_3$	Vitamin D-haltiger Fisch wie Forelle oder Lachs (Salm) Lammherz Dorschlebertran (Achtung enthält viel Vitamin A!)	ca. 20 g Regenbogenforelle oder 100 g Lachs oder Lammherz
Vitamin E	synthetisches Vitamin E-Präparat wie Vitamin E-Tropfen, Kapseln, Pulver (Weizenkeimöl)	ca. 100 IE zzgl. 5 – 10 IE je g ungesättigte Fettsäuren
Vitamin B	Vitamin B-Komplex (Bierhefe)	1 Kapsel Vitamin B-Komplex
Phosphor	Knochenmehl Di-Calcium-Phosphat (Knochen)	ca. 3 g Knochenmehl oder Di-Calcium-Phosphat
Kalzium	Eierschale (fein gemahlen) Calcium-Carbonat Calcium-Citrat Algenkalk (Knochen)	5 g Eierschale oder 5 g Calcium-Carbonat oder 8 g Calcium-Citrat
Natrium und Chlor	Salz	ca. 3 – 5 g jodfreies Salz
Eisen	Blut, sprühgetrocknete Blutprodukte wie Blutmehl oder Fortain synthetische Eisenpräparate wie Tabletten oder Tropfen	8 g Fortain oder 10 g Blutmehl oder 50 g Rinderblut oder ½ Tablette (50 mg Eisengehalt je Tablette)
Jod	jodhaltiger Seefisch Seealgenmehl	Fisch abhängig vom Jodgehalt ca. 1 g Seealgenmehl
Taurin	reines Taurin in Pulverform oder Tabletten	2 g reines Taurinpulver
Energie und ungesättigte Fettsäuren	Fett oder Schmalz Nachtkerzenöl (Omega6-Fettsäuren, γ-Linolensäure), Lachsöl, Leinöl (Omega3-Fettsäuren)	max. 50 g Fett (100 g bei sehr magerem Fleisch) 1 – 2 g Lachsöl

Tabelle 3: Nährstoffe und ihre Supplemente

Wie bei den Fleischsorten sollten auch verschiedene Supplemente verwendet werden, damit eine möglichst große Vielfalt gefüttert wird. Es sollten also abwechselnd z. B. unterschiedliche Lebersorten, verschiedene Phosphor- und auch Kalziumsupplemente verwendet werden.

4 Welche Arten der Supplementierung gibt es?

Welche Arten der Supplementierung gibt es?

Es gibt unterschiedliche Herangehensweisen, um die erforderlichen Nährstoffe in das Katzenbarf zu bekommen.

Eine Möglichkeit besteht darin, sogenannte Pauschal- oder Grundrezepte zu verwenden. Bei dieser Variante werden dem Fleisch die einzelnen Supplemente immer in derselben Dosierung hinzugefügt. Vorteile dieser Herangehensweise ist, dass sich der nötige Rechenaufwand in Grenzen hält, man durch Abwechslung der Supplemente (z. B. verschiedene Lebersorten oder unterschiedliche Kalziumpräparate) auch das Futter abwechslungsreich gestalten kann, und man vor allem ganz genau weiß, woraus das Futter im Einzelnen besteht. Nachteil dieser Variante ist vor allem, dass es dauerhaft zu leichten Über- und Unterversorgungen mit einzelnen Nährstoffen kommen kann. Um dies zu vermeiden, müssen viele verschiedene Fleisch- und Tiersorten verfüttert werden. Es sollte darauf geachtet werden, sowohl dunkle als auch helle Fleischsorten zu verwenden und auch der Anteil an Innereien sollte möglichst variieren.

Eine weitere Möglichkeit besteht darin, im Handel vorgefertigte Supplementenmischungen zu verwenden. Es gibt unterschiedliche Ausführungen solcher Mischungen – manche sind komplett und enthalten in Verbindung mit Fleisch alle Nährstoffe, welche die Katze benötigt. Andere Mischungen sind noch nicht vollständig ausgewogen und erfordern weitere Supplementenzugaben. Der Vorteil insbesondere solcher Komplettmischungen ist, dass man die einzelnen Supplemente nicht vorrätig haben muss, und die Dosierung in der Regel sehr zügig vonstatten geht. Der Nachteil solcher Mischungen besteht darin, dass man, wie bei den Pauschalrezepten, eine möglichst große Abwechslung füttern muss, um keine Über- oder Unterversorgungen zu verursachen und man dem Katzenfutter mit einer vorgefertigten Mischung außerdem hauptsächlich künstliche Vitamine und Mineralstoffe zufügt.

Die dritte Möglichkeit besteht darin, die Rezepte ganz individuell entsprechend des Nährstoffbedarfes der Katze zu berechnen, und die Supplemente ganz genau für die verwendete Fleischmenge zusammenzustellen. Der Vorteil besteht darin, dass man der Gefahr der Über- oder Unterversorgungen aus dem Weg geht. Auch bei dieser Variante ist eine möglichst breite Abwechslung im Futter zwar wünschenswert, aber nicht von so eminenter Wichtigkeit, wie bei den beiden vorgenannten Varianten. Ein weiterer Vorteil besteht darin, dass man wie bei den Pauschalrezepten genau weiß, was im Einzelnen im Futter seiner Katze enthalten ist. Wenn man die Katzennahrung individuell berechnet, kann man zudem auf Krankheiten eingehen und eine Diätnahrung konzipieren. Der Nachteil dieser Art zu supplementieren besteht im erhöhten Rechenaufwand und darin, dass man die einzelnen Vitamin- und Nährstoffpräparate vorrätig haben muss.

Nachfolgend werden die drei Möglichkeiten Pauschalrezepte, Supplementenmischungen und der individuellen Berechnung näher erläutert.

4.1 Die Pauschalrezepte

Entsprechend den nachfolgenden Pauschalrezepten kann eine ausgewogene Katzenernährung mit natürlichen Supplementen zusammengestellt werden:

Pauschalrezept ohne Knochen:
- 1 kg gemischtes Muskelfleisch ohne Knochen mit wechselndem Fettgehalt, ggf. inkl. 20 % Herzen und/oder Mägen und 10% Innereien
- 5 bis 20 g Leber wechselnder Tierarten
- 20 g Regenbogenforelle oder 100 g Lachs (Salmo Salar)
- 50 g Gemüse oder eingeweichtes Getreide / Gemüseflocken
- 250 bis 300 ml Wasser
- 1 Kapsel Vitamin B-Komplex
- 1 bis 2 g Seealgenmehl
- 8 g Fortain oder 10 g Blutmehl oder 50 g Rinderblut oder ½ Eisentablette (50mg Eisengehalt pro Tablette)
- 3 g Knochenmehl oder Di-Calcium-Phosphat
- 5 g fein gemahlene Eierschale oder Calcium-Carbonat oder 8 g Calcium-Citrat
- 3 bis 5 g unjodiertes Salz
- 2 g Taurinpulver
- 3 Tropfen Vitamin E (mit 31 IE Vitamin E je Tropfen) oder ein anderes Vitamin E-Produkt (Zugabe von ca. 100 IE Vitamin E erforderlich)
- bis zu 2 g Lachsöl

Pauschalrezept mit Knochen:
- 700 g gemischtes Muskelfleisch ohne Knochen mit wechselndem Fettgehalt, ggf. inkl. 20% Herzen und/oder Mägen und 10% Innereien
- 300 g fleischige Knochen wie bspw. Hühnerflügel
- 5 bis 20 g Leber wechselnder Tierarten
- 20 g Regenbogenforelle oder 100 g Lachs (Salmo Salar)
- 50 g Gemüse oder eingeweichtes Getreide / Gemüseflocken
- 250 bis 300 ml Wasser
- 1 Kapsel Vitamin B-Komplex
- 1 bis 2 g Seealgenmehl
- 8 g Fortain oder 10 g Blutmehl oder 50 g Rinderblut oder ½ Eisentablette (50mg Eisengehalt pro Tablette)
- 2,5 fein gemahlene Eierschale oder Calcium-Carbonat oder 4 g Calcium-Citrat
- 2 bis 4 g unjodiertes Salz
- 2 g Taurinpulver
- 3 Tropfen Vitamin E (mit 31 IE Vitamin E je Tropfen) oder ein anderes Vitamin E-Produkt (Zugabe von ca. 100 IE Vitamin E erforderlich)
- bis zu 2 g Lachsöl

Anstatt 700 g Muskelfleisch und 300 g fleischigen Knochen können auch 900 g Muskelfleisch und 100 g reine Knochen verwendet werden.

4.2 Unterschiedliche Supplementenmischungen

Im Handel sind diverse Supplementenmischungen erhältlich. Diese Mischungen sind für unsichere Anfänger gut geeignet, um einen Einstieg in die Supplementierung zu finden. Man kann derartige Mischungen auch verwenden, wenn es mal schnell gehen muss oder um eine breite Abwechslung in die Katzennahrung zu bringen.

Nachfolgend wird der Gebrauch einiger Supplementenmischungen näher erläutert. Sämtliche Rezepte basieren auf den Angaben des jeweiligen Herstellers (Stand Januar 2014).

Felini Complete:
Felini Complete enthält alle erforderlichen Vitamine und Mineralstoffe, so dass dem Fleisch – bis auf einen geringen pflanzlichen Anteil und etwas Wasser – nichts weiter hinzugefügt werden muss. Da im Felini Complete bereits alle Vitamine und Mineralstoffe in ausreichender Menge enthalten sind, dürfen bei seiner Verwendung keine Knochen (enthalten viel Phosphor und Kalzium) und auch keine Leber (enthält viel Vitamin A) verwendet werden, da es sonst zu einer Nährstoffüberversorgung kommen kann. Auch Fisch und Lammherz sollten wegen des hohen Vitamin D-Gehaltes und Milz wegen des hohen Eisengehaltes bei der Verwendung von Felini Complete nicht gefüttert werden, um Nährstoffüberversorgungen zu vermeiden.

Zur Ergänzung der nötigen Omega3-Fettsäuren kann dem Futter etwas Lachs- oder Leinöl zugegeben werden. Um die fehlenden Faserstoffe zu ergänzen, wird ein kleiner pflanzlicher Anteil zugegeben.

Rezept mit Felini Complete:
- 1 kg Muskelfleisch, ggf. inkl. 200 g Innereien
- 50 g frisches Gemüse oder eingeweichte Gemüseflocken oder Getreide
- 12,5 g Felini Complete
- 1 g Lachs- oder Leinöl
- 250 bis 300 ml Wasser

TCPremix:

TCPremix ist wahlweise mit oder ohne Leberpulver erhältlich. Das Präparat mit Leberpulver (Huhn oder Rind) wird TCPremixPlus genannt.

TCPremix ist eine Komplett-Mischung, die beinahe sämtliche erforderlichen Nährstoffe und Vitamine enthält. Lediglich bei der Verwendung von TCPremix ist ein Leberzusatz erforderlich, da es kein Vitamin A enthält. Bei der Verwendung von TCPremixPlus sollte keine Leber verfüttert werden, um keine Überversorgung mit Vitamin A (Hypervitaminose A) zu riskieren. Da auch Phosphor und Kalzium enthalten sind, sollten auch hierbei keine Knochen verfüttert werden. Vitamin D ist im TCPremix nicht enthalten, deshalb sollte im Futter ein geringer Fischanteil ergänzt werden.

Zur Ergänzung der nötigen Faserstoffe sollte ein geringer pflanzlicher Anteil in Form von Gemüse oder Getreide dem Futter zugefügt werden.

Rezept mit TCPremix:
- 1 kg Fleisch, inkl. maximal 100 g Leber und ggf. 200 g weitere Innereien (Der Anteil an Leber könnte dauerhaft zu hoch sein und zu Überversorgungen mit Vitamin A führen, daher sollte der Leberanteil dauerhaft auf ca. 20 g gesenkt werden)
- 50 g frisches Gemüse oder eingeweichte Gemüseflocken oder Getreide
- 20 g Regenbogenforelle oder 100g Lachs (Salmo Salar)
- 60 g TCPremix
- 250 bis 300 ml Wasser

Rezept mit TCPremixPlus:
- 1 kg Fleisch, ggf. inkl. 200 g Innereien (keine Leber)
- 50 g frisches Gemüse oder eingeweichte Gemüseflocken oder Getreide
- 20 g Regenbogenforelle oder 100g Lachs (Salmo Salar)
- 66 g TCPremixPlus
- 250 bis 300 ml Wasser

EasyB.a.r.F.:

EasyB.a.r.F. ist eine Supplementenmischung, bei der bewusst auf einige Nährstoffe verzichtet wurde. Es enthält kein Phosphor, kein Kalzium, kein Vitamin A und nur eine geringe Menge an Salz. Aus diesem Grund ist es bei der Verwendung von easyB.a.r.F. möglich, auch Knochen und Leber zu füttern. Weiterhin enthält easyB.a.r.F. kein Taurin, deshalb muss es unbedingt im Futter ergänzt werden. Außerdem sollte ein geringer pflanzlicher Anteil, Wasser und ggf. etwas Lachs- oder Leinöl ergänzt werden. Auf Fisch sollte bei der Verwendung von easyB.a.r.F. verzichtet werden, da bereits ausreichend Vitamin D in der Mischung enthalten ist.

Rezept mit easyB.a.r.F. mit Knochen:
- 700 g Fleisch, ggf. inkl. 200 g Innereien
- 300 g fleischige Knochen wie bspw. Hühnerflügel
- 50 g frisches Gemüse oder eingeweichte Gemüseflocken oder Getreide
- 20 g Leber
- 10 g easyB.a.r.F.
- 1 g Taurin
- 250 bis 300 ml Wasser
- 1 g Lachsöl oder Leinöl

Statt 700 g Fleisch und 300 g fleischige Knochen können auch 900 g Fleisch und 100 g reine Knochen verwendet werden.

Rezept mit easyB.a.r.F. ohne Knochen:
- 1 kg Fleisch, ggf. inkl. 200 g Innereien
- 50 g frisches Gemüse oder eingeweichte Gemüseflocken oder Getreide
- 20 g Leber
- 10 g easyB.a.r.F.
- 1 g Taurin
- 2 g Salz
- 5 g Calcium-Carbonat oder 5 g gemahlene Eierschale oder 9 g Calcium-Citrat
- 2,5 g Knochenmehl oder 2,5 g Di-Calcium-Phosphat
- 250 bis 300 ml Wasser
- 1 g Lachsöl oder Leinöl

Eigene Supplementenmischung:
Selbstverständlich kann man sich auch seine eigene, ganz individuelle Supplementenmischung zusammenstellen. Je nachdem, ob in dieser Mischung Phosphor und Kalzium enthalten sind, kann diese Mischung für BARF mit oder ohne Knochenanteil verwendet werden. Nachfolgend werden zwei Varianten aufgeführt, wie eine solche selbst hergestellte Supplementenmischung zusammengesetzt sein kann.

Supplementenmischung für BARF ohne Knochen:
- 10 Kapseln Vitamin B-Komplex
- 10 g Seealgenmehl
- 84 g Fortain oder 5 Eisentabletten (mit 50 mg Eisengehalt je Tablette)
- 28 g Knochenmehl oder 40 g Di-Calcium-Phosphat
- 46 g Eierschale oder 46 g Calcium-Carbonat oder 80 g Calcium-Citrat
- 34 g unjodiertes Salz
- 20 g Taurin

Diese Mischung reicht für 10 kg Fleisch. Wenn die Mischung fertig zusammengestellt wurde, kann man sie wiegen; 1/10 dieser Mischung wird an 1 kg Fleisch gegeben. Wiegt die komplette Mischung bspw. 230 g, so müssen an 1 kg Fleisch 23 g dieser Mischung gegeben werden.

Supplementenmischung für BARF mit Knochen:
- 10 Kapseln Vitamin B-Komplex
- 10 g Seealgenmehl
- 84 g Fortain oder 5 Eisentabletten (mit 50 mg Eisengehalt je Tablette)
- 23 g Eierschale oder 23 g Calcium-Carbonat oder 40 g Calcium-Citrat
- 17 g unjodiertes Salz
- 20 g Taurin

Diese Mischung reicht für 10 kg Fleisch. Wenn die Mischung fertig zusammengestellt wurde, kann man sie wiegen. 1/10 dieser Mischung wird an 1 kg Fleisch gegeben. Wiegt die komplette Mischung bspw. 160 g, so müssen an 1 kg Fleisch 16 g dieser Mischung gegeben werden.

Zusätzlich zu diesen Mischungen muss je kg Fleisch noch folgendes ergänzt werden:
- ca. 20 g Leber
- 20 g Regenbogenforelle oder 100 g Lachs (Salmo Salar)
- 3 Tropfen Vitamin E mit 31 IE Vitamin E pro Tropfen (oder ein anderes Vitamin E-Präparat, insgesamt ca. 100 IE)
- 1 bis 2 g Lachsöl oder Leinöl
- 50 g frisches Gemüse oder eingeweichte Gemüseflocken oder Getreide
- 250 bis 300 ml Wasser

Verwendet man die Pauschalrezepte oder Supplementenmischungen – ganz egal ob eigene Mischungen oder im Handel erhältliche Präparate – ist es besonders wichtig, möglichst abwechslungsreich zu füttern. Mit diesen Mischungen fügt man je kg Fleisch immer die gleiche Menge an Vitaminen und Mineralstoffen zu. Auf diese Weise können die bereits im Fleisch enthaltenen Nährstoffgehalte nur unzureichend berücksichtigt werden. Um die sich zwangsläufig ergebenen geringen Über- und Unterdosierungen von einzelnen Nährstoffen auszugleichen, ist es wichtig, eine möglichst breite Vielfalt zu füttern. Es sollten möglichst viele verschiedene Fleischsorten verwendet werden. Hierbei sollte darauf geachtet werden, sowohl helle als auch dunkle Sorten zu verwenden. Auch der Fettgehalt sollte variieren. Außerdem sollte man auch den Anteil an Innereien immer wieder unterschiedlich wählen, und Innereien von unterschiedlichen Tierarten (insbesondere bei Leberzugabe) verwenden. Weiterhin bietet es sich an, verschiedene Supplementenmischungen zu benutzen, wenn man diese regelmäßig verwendet. Auch so gleichen sich geringe Unregelmäßigkeiten wieder aus.

4.3 Individuelle Rezepte selbst berechnen

Um dem Dilemma der erforderlichen großen Abwechslung aus dem Weg zu gehen, kann man die Nahrung seiner Katze auch ganz individuell berechnen.

Nachfolgend sollen am Beispiel von Vitamin D, Phosphor und Kalzium die einzelnen Rechenschritte erläutert werden.

Um für seine Katze die Nahrung zu berechnen, benötigt man zunächst folgende Angaben:

1. das Körpergewicht, welches durch Wiegen ermittelt wird,

2. die täglich gefressene Fleischmenge, was man durch Beobachtung und Abwiegen der täglichen Futterportionen innerhalb von etwa einer Woche herausfindet,

3. Nährstoff-Bedarfswerte, welche z. B. in Kapitel 3.5 aufgeführt sind oder im Internet bzw. in der Literatur recherchiert werden können,

4. Nährwerte der verwendeten Zutaten, welche in einschlägigen Nährwertdatenbanken, wie bspw. dem Bundeslebensmittelschlüssel recherchiert werden können.

Um die Berechnungen auszuführen, benötigt man nichts weiter, als die Grundrechenarten und den Dreisatz – man muss also weder ein Mathematikprofessor sein noch ein ernährungswissenschaftliches Studium absolviert haben.

Abbildung 6: Durch die individuelle Berechnung kann das Futter noch optimaler an die Erfordernisse der jeweiligen Katze angepasst werden.

In unserem Beispiel gehen wir davon aus, dass wir Futter für eine 4 kg schwere, ausgewachsene und gesunde Katze mit normalem Appetit berechnen wollen. Das Futter soll zehn Tage ausreichen.

Eine Katze mit 4 kg Körpergewicht frisst täglich etwa 100 bis 120 g Fleisch[4]. In unserem Beispiel gehen wir von einer täglichen Fleischration von 120 g aus. Für das 10-Tages-Rezept werden also 10 Tage × 120 g = 1.200 g Fleisch benötigt.

Für das Beispiel verwenden wir 1.000 g mittelfettes Rindfleisch und 200 g Rinderherz.

---

[4] etwa 25 bis 30 g Fleisch je kg Körpergewicht zzgl. Supplemente, pflanzlicher Anteil und Wasser

Vitamin D-Berechnung:
Zunächst wird ermittelt, wieviel Vitamin D in dem 10-Tages-Rezept enthalten sein muss.

Entsprechend der Literatur benötigt eine ausgewachsene Katze täglich zwischen 5 und 10 Internationale Einheiten (IE) Vitamin D täglich. Im Beispiel gehen wir von 5 IE aus.

Die Rechnung lautet: Körpergewicht [kg] × Bedarfswert

- täglicher Vitamin D-Bedarf: 4 kg × 5 IE = 20 IE
- Bedarf für das komplette Rezept: 10 Tage × 20 IE = 200 IE

Im Rezept müssen 200 IE Vitamin D enthalten sein. Dies entspricht einem Bedarf von 5 µg Vitamin D[5].

Als nächstes wird ermittelt, wie viel Vitamin D durch die enthaltenen Zutaten bereits im Rezept vorhanden ist.

Entsprechend des Bundeslebensmittelschlüssels (Version BLS 3.01) enthält mittelfettes Rindfleisch kein Vitamin D. 100 g Rinderherz enthält 1,0 µg Vitamin D.

Die Rechnung lautet: Menge des Fleisches / 100 g × Vitamin D-Gehalt
Vitamin D aus Rinderherz: 200 g / 100 g × 1 µg = 2 µg

Die bereits enthaltene Menge ist 2 µg Vitamin D.

Als nächstes wird ausgerechnet, wie viel Vitamin D im Rezept noch fehlt. Hierzu wird von der Bedarfsmenge die bereits enthaltene Menge abgezogen.

Die Rechnung lautet: Bedarf – enthaltene Menge
fehlende Menge: 5 µg – 2 µg = 3 µg

Durch ein entsprechendes Supplement wie bspw. Regenbogenforelle müssen dem Rezept noch 3 µg Vitamin D hinzugefügt werden.

---

5 1 IE Vitamin D = 0,025 µg; 200 IE = 200 x 0,025 = 5 µg

Als nächstes wird ausgerechnet, wie viel Regenbogenforelle benötigt wird, um die erforderliche Menge Vitamin D zu supplementieren. Hierzu werden die Nährwerte benötigt.

Entsprechend Lebensmitteldatenbank enthalten 100 g Regenbogenforelle 18 µg Vitamin D. Um die benötigte Menge zu berechnen, rechnet man wie folgt:

zu ergänzendes Vitamin D / Vitamin D-Gehalt der Forelle × 100 g

Die Rechnung in unserem Beispiel lautet also: 3 µg / 18 µg × 100 g = 16,67 g

Dem Rezept müssten also 16,67 g Regenbogenforelle zugegeben werden. Da es schwierig ist, Fisch so genau abzuwiegen, kann hier gerundet werden. Es empfiehlt sich wie in der Mathematik bis 0,5 abzurunden und ab 0,5 aufzurunden. In unserem Fall runden wir also auf und geben dem Rezept 17 g Regenbogenforelle zu.

Phosphor-Berechnung:
Zuerst wird wieder ermittelt, wieviel Phosphor im Rezept enthalten sein muss.

Entsprechend der Literatur benötigt eine ausgewachsene Katze täglich zwischen 40 und 100 mg Phosphor täglich. Im Beispiel gehen wir von 100 mg aus.

- täglicher Phosphor-Bedarf: 4 kg × 100 mg = 400 mg
- Bedarf für das komplette Rezept: 10 Tage × 400 mg = 4.000 mg

Im Rezept müssen 4.000 mg Phosphor enthalten sein.

Als nächstes wird ermittelt, wie viel Phosphor durch die enthaltenen Zutaten bereits im Rezept vorhanden ist.

Entsprechend des Bundeslebensmittelschlüssels enthalten 100 g mittelfettes Rindfleisch 160 mg Phosphor. 100 g Rinderherz enthalten 165 mg Phosphor und 100 g Forelle enthalten 246 mg.

Die Rechnung lautet:	Menge des Fleisches / 100 g × Phosphor-Gehalt
Phosphor aus Rindfleisch:	1.000 g / 100 g × 160 mg = 1.600 mg
Phosphor aus Rinderherz:	200 g / 100 g × 165 mg = 330 mg

Phosphor aus Forelle: 17 g / 100 g × 246 mg = 41,82 mg
<u>Gesamtmenge</u>: 1.600 + 330 + 41,82 = <u>1.971,82 mg</u>

Die bereits <u>enthaltene Menge</u> ist <u>1.971,82 mg Phosphor</u>.

Als nächstes wird ausgerechnet, wie viel Phosphor im Rezept noch fehlt. Hierzu wird von der Bedarfsmenge die bereits enthaltene Menge abgezogen.

Die Rechnung lautet: Bedarf – enthaltene Menge
<u>fehlende Menge</u>: 4.000 mg – 1971,82 mg = <u>2.028,18 mg</u>

Durch ein entsprechendes Supplement wie bspw. Di-Calcium-Phosphat müssen dem Rezept noch 2.028,18 mg Phosphor hinzugefügt werden.

Als nächstes wird ausgerechnet, wie viel Di-Calcium-Phosphat benötigt wird, um die erforderliche Menge Phosphor zu supplementieren. Hierzu werden wieder die Nährwerte benötigt. Das im Beispiel verwendete Di-Calcium-Phosphat enthält 18.000 mg Phosphor und 25.500 mg Kalzium je 100 g. Um die benötigte Menge zu berechnen, rechnet man wie folgt:

zu ergänzender Phosphor / Phosphor-Gehalt des Supplements × 100 g

Die Rechnung in unserem Beispiel lautet also: 2.028,18 mg / 18.000 mg × 100 g = <u>11,27 g</u>

Dem Rezept müssen also <u>11,27 g Di-Calcium-Phosphat</u> zugegeben werden.

Kalzium-Berechnung:
Wie zuvor wird zunächst wieder ermittelt, wieviel Kalzium im Rezept enthalten sein muss. Die Bedarfsberechnung ist beim Kalzium etwas anders als bei den vorigen Nährstoffen, denn hierbei wird nicht vom absoluten Kalzium-Bedarf ausgegangen, sondern vom Kalzium-Phosphor-Verhältnis (Ca/P-Verhältnis). Da es sich in unserem Beispiel um eine gesunde Katze handelt, gehen wir von einem physiologischen Verhältnis von 1,1:1 aus. Dies bedeutet, dass im Futter 1,1-mal soviel Kalzium wie Phosphor bzw. je ein Teil Phosphor 1,1 Teile Kalzium enthalten sein sollen.

Der Bedarf wird mit folgender Rechnung ermittelt: Verhältnis × Phosphorgehalt

Bedarf: 1,1 × 4.000 mg = 4.400 mg

Im Rezept sind 4.400 mg Kalzium erforderlich.

Als nächstes wird ermittelt, wie viel Kalzium durch die enthaltenen Zutaten bereits im Rezept vorhanden ist.

Entsprechend des Bundeslebensmittelschlüssels enthalten 100 g mittelfettes Rindfleisch 4 mg Kalzium. 100 g Rinderherz enthalten 7 mg Kalzium, 100 g Forelle enthalten 12 mg und 100 g Di-Calcium-Phosphat enthalten 25.500 mg Kalzium

Die Rechnung lautet:	Menge der Zutat / 100 g × Kalzium-Gehalt
Kalzium aus Rindfleisch:	1.000 g / 100 g × 4 mg = 40 mg
Kalzium aus Rinderherz:	200 g / 100 g × 7 mg = 14 mg
Kalzium aus Forelle:	17 g / 100 g × 12 mg = 2,04 mg
Kalzium aus Di-Calcium-Phosphat:	11,27 g / 100 g × 25.500 mg = 2.873,85 mg
Gesamtmenge:	40 + 14 + 2,04 + 2.873,85 = 2.929,89 mg

Die bereits enthaltene Menge ist 2.929,89 mg Kalzium.

Als nächstes wird ausgerechnet, wie viel Kalzium im Rezept noch fehlt. Hierzu wird von der Bedarfsmenge die bereits enthaltene Menge abgezogen.

Die Rechnung lautet:	Bedarf – enthaltene Menge
fehlende Menge:	4.400 mg – 2929,89 mg = 1.470,11 mg

Durch ein entsprechendes Supplement wie bspw. Calcium-Citrat müssen dem Rezept noch 1.470,11 mg Kalzium hinzugefügt werden.

Als nächstes wird ausgerechnet, wie viel Calcium-Citrat benötigt wird, um die erforderliche Menge Kalzium zu supplementieren. Hierzu werden die Nährwerte benötigt. Das im Beispiel verwendete Calcium-Citrat enthält 21.100 mg Kalzium je 100 g. Um die benötigte Menge zu berechnen, rechnet man wie folgt:

zu ergänzendes Kalzium / Kalzium-Gehalt des Supplements × 100 g

Die Rechnung in unserem Beispiel lautet also: 1.470,11 mg / 21.100 mg × 100 g = <u>6,97 g</u>

Dem Rezept müssten also <u>6,97 g Calcium-Citrat</u> zugegeben werden.

Die übrigen Nährstoffe werden auf die gleiche Weise berechnet.

Um sich die langwierige Rechenarbeit etwas zu vereinfachen, gibt es im Internet verschiedene Berechnungstools. Mit diesen Hilfsmitteln kann man sich ganz individuell für seine Katze die Rezepte zusammenstellen. Mithilfe dieser Berechnungstools[6] kann sogar Futter für kranke Katzen konzipiert werden, die oftmals einen anderen Nährstoffbedarf haben, als gesunde Katzen.

Wer sich ein wenig mit der selbstständigen Berechnung von Katzennahrung auseinander setzt, wird feststellen, dass es unterschiedliche Herangehensweisen gibt. Dies ist gut und richtig so, denn dadurch kann die Katzennahrung noch vielfältiger und abwechslungsreicher gestaltet werden. Je nachdem, welche Nährwertdatenbank konsultiert wird, wird man ganz unterschiedliche Angaben zu den Nährstoffmengen in den Futtermitteln erhalten. Auch die Bedarfswerte haben in der Regel einen Mindest- und einen Höchstwert. Solange man sich innerhalb dieser Werte bewegt, wird die Katze mit allen nötigen Nährstoffen versorgt. Man kann auch ruhig kleine Schwankungen bei der Berechnung bewusst einfließen lassen oder die Bedarfswerte bei der Berechnung hin und wieder ein wenig abwechseln, bspw. indem man mit unterschiedlichen Ca/P- oder K/Na-Verhältnissen rechnet.

Es gibt nicht den einen einzigen richtigen Weg zu barfen. Die Ernährung sollte grundsätzlich an die Katze angepasst werden. Dies kann selbstverständlich je nach Katze ganz unterschiedlich sein. Viele Wege führen nach Rom und gleichermaßen führen auch viele Wege zum BARF.

---

6 z. B. der Katzenfutter-Rechner der Autorin erhältlich im Forum *www.einfach-barf.de*.

5 Wie wird BARF für Katzen zubereitet?

Nun – es ist im Grunde ganz einfach: Man nimmt Fleisch und evtl. einen Anteil an Innereien und Knochen und schneidet alles in katzengerechte Stücke, gibt eine geringe Menge geraspeltes rohes Gemüse oder eingeweichtes Getreide oder Gemüseflocken hinzu, ergänzt die nötigen Supplemente und schon ist das Katzen-BARF fertig.

Barfen ist keine Wissenschaft und auch kein Hexenwerk, aber ganz so einfach, wie eben beschrieben, ist es natürlich auch nicht, denn es gibt die eine oder andere Besonderheit zu beachten. In den folgenden Kapiteln wird Schritt für Schritt erläutert, was bei der Herstellung von BARF für Katzen zu berücksichtigen ist.

5.1 Was benötige ich zum Barfen?

Abbildung 7: Zur Zerkleinerung des Fleisches sind scharfe Fleischmesser sowie ein Fleischwolf hilfreich.

Die meisten Utensilien, die man zum Barfen benötigt, sind in jeder gut sortierten Küchenausstattung zu finden und müssen in der Regel nicht extra angeschafft werden. Einige Gerätschaften hat man jedoch nicht unbedingt zu Hause. Diese können in entsprechenden Shops für BARF-Zubehör oder auch auf Flohmärkten oder in Internetauktionshäusern für meist kleines Geld erworben werden. Folgende Gerätschaften gehören zur Standardausrüstung eines Barfers:

- ein großes und ggf. mehrere kleinere Schneidbretter aus Hartholz
- mehrere scharfe Messer unterschiedlicher Größe zum Schneiden von Fleisch
- ggf. ein Ausbeinmesser zum Herauslösen von Knochen
- mehrere Schüsseln unterschiedlicher Größe zum Vermischen der Portionen und zum Zwischenlagern der vorbereiteten Zutaten
- eine Küchenwaage mit Gramm-Skalierung (möglichst digital) zum Abwiegen von Fleisch, Fisch, Leber, Gemüse und Wasser
- eine Feinwaage (mit Hundertstel-Gramm-Skalierung; 0,00 g) zum genauen Abwiegen der Supplemente
- Küchenraspel oder Reibe zum Zerkleinern des rohen Gemüses
- Mixer oder Pürierstab zum Mischen der Supplementensoße
- Behältnisse zum Portionieren der BARF-Mahlzeiten (z. B. Gefrierdosen oder Gefrierbeutel)
- Platz in Gefrierschrank, Gefrierfach oder Gefriertruhe zur Lagerung mehrerer BARF-Mahlzeiten und ggf. von Fleischvorräten

Mit diesen Gerätschaften hat man die Grundausstattung zum Barfen beisammen und kann für seine Katze problemlos selbst Futter herstellen. Um sich die Zubereitung der Katzennahrung zu erleichtern, kann man sich bei Bedarf außerdem folgende Utensilien anschaffen:

- Fleischwolf zum Zerkleinern bzw. Wolfen von Fleisch. Mit einigen Fleischwölfen kann man auch Knochen zerkleinern. In der Regel genügt ein handbetriebener Fleischwolf. Für jemanden, der große Mengen Hackfleisch herstellt, bietet sich jedoch auch die Anschaffung eines elektrischen Gerätes an. Sinnvoll ist die Anschaffung unterschiedlicher Lochscheiben, mit denen das Fleisch unterschiedlich fein gewolft werden kann.
- Fleischmesser für den Pürierstab zum Pürieren von geringen Fleischmengen, Leber und Fisch
- Geflügelschere zum Zerkleinern von ganzem Geflügel wie bspw. Suppenhühnern und zum Zerkleinern von fleischigen Knochen wie bspw. Hühnerflügeln. Eignet sich auch zum Zerschneiden von Geflügelhaut.
- Fleischbeil zum Zerkleinern von knochigem Fleisch
- Mörser zum feinen Zermahlen von Eierschale. Wer häufig Eierschale verwendet, kann sich zum Zermahlen auch eine Kaffeemühle anschaffen. Diese sollte jedoch nicht zum Mahlen von Kaffee verwendet werden.
- Folienschweißgerät zum wasserfesten Verschließen von Gefrierbeuteln

Weitere sinnvolle Utensilien sind:
- Justiergewicht zum regelmäßigen Kalibrieren der Feinwaage
- Dosier- und Messlöffel unterschiedlicher Größe zum schnellen Abmessen von bspw. Supplementenmischungen
- Aufbewahrungsdosen unterschiedlicher Größe zur Lagerung der Supplemente
- Schleifstein, Wetzstahl oder anderes Gerät zum Schärfen der Messer
- wasserfester Folienschreibstift zum Beschriften der fertigen Futterportionen
- Eiswürfelbehälter zum Vorportionieren von Leber und Fisch

5.2 Wie werden die Portionen hergestellt?

Grundsätzlich funktioniert die Futterherstellung tatsächlich so, wie zuvor beschrieben:

Die tierischen und pflanzlichen Nahrungsbestandteile werden zerkleinert und vermischt, mit den nötigen Supplementen ergänzt, dann wird das Futter portioniert und etwas Wasser hinzugefügt und die fertigen Portionen werden schließlich eingefroren.

Hierzu wird das Fleisch zunächst unter kaltem, fließendem Wasser abgespült und mit Küchenpapier trocken getupft. Anschließend wird das Fleisch in „mundgerechte" Stücke geschnitten. Um die Zähne der Katze beim Fressen zu reinigen, bietet es sich an, die Stücke etwa halb so groß wie Gulasch-Stücke zu schneiden. So muss die Katze beim Fressen kauen und Zahnbeläge werden auf natürliche Weise entfernt. Je nachdem wie geübt die Katze im Umgang mit Fleisch ist und wie es evtl. um ihre Zahngesundheit bestellt ist, kann die Größe der Fleischstücke jedoch zwischen Fingernagelgröße und Mausgröße variieren. Manche Katzen kommen auch mit sehr kleinen Fleischstücken nicht zurecht, für diese Katzen bietet es sich an, das Fleisch im Fleischwolf zu wolfen oder mit einer Küchenmaschine zu pürieren. Bei der Größe der Fleischstücke kommt es ganz auf die Katze an.

Wird tiefgefrorenes Fleisch verwendet, muss es nicht zwingend vollständig aufgetaut werden. Es genügt, das Fleisch so weit aufzutauen, dass man es schneiden kann. Dann wird das Futter rasch unter Beachtung der üblichen hygienischen Arbeitsweise zubereitet, portioniert und wieder eingefroren. Die Auftauflüssigkeit sollte weggegossen und nicht verwendet werden, da in ihr Keime enthalten sein können.

Herzen können von den meisten Katzen einfacher gefressen werden, wenn sie längs geschnitten werden. Mägen sind sehr hart und fest und sollten in kleinere Stücke geschnitten werden, um der Katze das Fressen zu erleichtern. Möchte man Nieren verfüttern, sollten diese am besten über Nacht gewässert werden, damit sich möglichst viele der evtl. noch enthaltenen Stoffwechselrückstände des Nutztieres lösen und nicht in die Katzennahrung gelangen. Nach dem Wässern sollten Nieren noch einige Male gründlich gespült werden.

Möchte man einen Anteil an Knochen verfüttern, so sollte knochiges Fleisch wie bspw. Hühnerflügel ebenfalls abgespült und trockengetupft und anschließend mit einer Geflügelschere oder evtl. sogar mit einem Fleischwolf zerkleinert werden. Knochen und auch Gräten dürfen grundsätzlich nur roh verfüttert werden. Rohe Knochen und Gräten sind elastisch und biegsam und können von Katzen gefressen werden. Gegarte Knochen und Gräten verlieren ihre Elastizität, werden hart und spitz und können unter Umständen schwere innere Verletzungen verursachen, wenn sie von der Katze gefressen werden. Deshalb dürfen keine gegarten Knochen und Gräten verfüttert werden. Anders verhält es sich mit Knorpel. Dieser wird beim Garen weich und kann auch gegart verfüttert werden. Das Optimum stellt jedoch immer eine rohe Ernährung der Katze dar. Wenn es die Katze verträgt und aus gesundheitlichen Gründen nichts gegen eine Ernährung mit Rohfleisch spricht, sollte deshalb die Nahrung der Katze roh sein – so wie in der Natur.

Hat man alle tierischen Futterbestandteile zubereitet, können sie in einer Schüssel vermischt werden.

Das gewaschene und geputzte Gemüse kann mit einer Küchenreibe geraspelt oder mit einer Küchenmaschine oder dem Pürierstab zerkleinert werden. Gemüseflocken, Getreide, Samen oder andere Faserstoffe wie Flohsamenschalen und dergleichen werden in reichlich Wasser für mehrere Stunden eingeweicht. Das zubereitete Gemüse kann anschließend in die Fleisch-Schüssel gegeben und mit dem Fleisch vermengt werden.

Um die Nährstoffergänzungen anzumischen, bietet es sich an, eine sogenannte Supplementensoße oder auch kurz „Suppisoße" anzumischen.

Um eine solche Soße herzustellen, kann die erforderliche Leber für die Vitamin A-Ergänzung und der Fisch für die Vitamin D-Ergänzung mithilfe einer Küchenmaschine oder eines Pürierstabes fein püriert werden. Ggf. kann auch ein kleiner Teil des Fleisches (z. B. einige Herzen) püriert werden. Der so entstandene Fleischbrei bildet die Grundlage der Suppisoße. In diesen Fleischbrei wird etwas Wasser gegeben (etwa

250 ml je kg Fleisch). Auf diese Weise wird zum einen der Feuchtigkeitsgehalt im Futter auf das physiologisch korrekte Maß von 75 % erhöht, zum anderen lassen sich so die Supplemente besser vermischen.

Mit einer Feinwaage werden die nötigen Supplemente abgewogen und zu der vorbereiteten Soße gegeben. Wenn alle Ergänzungsmittel abgewogen sind, wird die Soße noch einmal gut durchgemixt und kann anschließend mit in die Fleischschüssel gemischt oder gleichmäßig auf die Gefrierbehältnisse verteilt werden.

Zu guter Letzt wird das fertige Futter in geeigneten Behältnissen wie bspw. Gefrierdosen oder auch Gefrierbeutel portioniert und eingefroren.

Abbildung 8: angemischtes Barf vor der Portionierung.

5.3 Was sollte ich beim Barfen beachten?

Bestimmte Fragen werden von fast allen Barf-Anfängern gestellt. An dieser Stelle sollen die zehn häufigsten Fragen beantwortet werden.

1. Wieviel BARF braucht meine Katze am Tag?
Eine ausgewachsene Katze mit normalem Appetit benötigt täglich pro kg Körpergewicht etwa 25 bis 30 g Fleisch, Innereien und Knochen. Dazu kommen dann noch alle Supplemente, der pflanzliche Anteil und etwas Wasser.

Die tatsächlich benötigte Fleischmenge hängt jedoch ganz individuell von der Katze ab. Es gibt Katzen, die erheblich mehr fressen und auch solche, die sprichwörtlich von Luft und Liebe leben und von wesentlich weniger Fleisch satt werden. Grundsätzlich gilt, dass eine Katze nicht hungern sollte und die Portionen deshalb so groß sein sollten, dass die Katze satt wird. Wenn man sich unsicher ist, wie viel Futter die Katze benötigt, kann man sich an der genannten Menge orientieren und das Fressverhalten der Katze über ein paar Tage beobachten. Frisst die Katze die Portion auf, ohne nach Mehr zu verlangen, reicht die Portionsgröße aus und kann beibehalten werden. Verlangt die Katze aber regelmäßig mehr Futter, sollte sie mehr Fleisch erhalten. Bleibt hingegen regelmäßig etwas übrig, kann man die Fleischmenge verringern.

Eine Besonderheit gilt es bei Kitten, trächtigen und laktierenden Kätzinnen und auch Katzen mit schweren zehrenden Krankheiten zu beachten. Diese Katzen sollten unbegrenzt Futter erhalten, da sie sehr viele Nährstoffe und viel Energie benötigen.

2. Warum muss ich Supplemente hinzufügen? Mäuse enthalten doch auch kein Seealgenmehl oder Calcium-Carbonat.
Richtig – Mäuse enthalten genau wie die übrigen natürlichen Beutetiere der Katze selbstverständlich keine Ergänzungsmittel wie bspw. Seealgenmehl oder Calcium-Carbonat. Die natürlichen Beutetiere enthalten durch das Blut, die Knochen und die kompletten Innereien jedoch alle Nährstoffe, welche die Katze benötigt. Das im Handel erhältliche Fleisch ist ausgeblutet, außerdem kann man im Handel normalerweise nicht sämtliche Innereien bekommen, so dass dem Fleischanteil viele wichtige Nährstoffe fehlen. Diese Nährstoffe müssen mit den Supplementen im Futter ergänzt werden. Fleisch allein mit ein paar Innereien und Knochen stellt keine hochwertige und ausgewogene Katzennahrung dar. Erst durch die Supplementierung erhält die Katze alle Nährstoffe, die sie braucht, um gesund zu bleiben.

3. Wo bekomme ich die Supplemente her?

Viele Supplemente wie bspw. Vitamin B-Komplex, Bierhefe, Vitamin E-Tropfen und synthetische Nährstoffergänzungen wie Eisentabletten oder andere Vitamin-Präparate sind in gut sortierten Drogerien oder in der Apotheke erhältlich. In Apotheken erhält man normalerweise auch weitere Supplemente wie bspw. Taurin oder Kalzium-Präparate. Diese sind jedoch in Apotheken üblicherweise sehr teuer, deshalb lohnt es sich, in speziellen Barf-Shops im Internet zu bestellen. In solchen Shops erhält man nicht nur natürliche Supplemente wie Phosphor- und Kalziumpräparate, Blutmehl, Algen oder auch Supplementenmischungen, sondern auch die übrigen Utensilien wie bspw. Feinwaagen und dergleichen.

4. Kann ich wirklich rohes Fleisch füttern? Man hört immer davon, dass dies gefährlich ist.

Ja, eine gesunde Katze kann bedenkenlos mit einem Futter auf der Basis von rohem Fleisch ernährt werden. Die Verdauungsorgane der Katze sind perfekt an die Verwertung von rohem Fleisch angepasst.

Eine Ausnahme gibt es jedoch: Produkte von Schwein und Wildschwein sollten vorsichtshalber nicht roh gefüttert werden, da sich die Katze darüber mit dem Aujeszky-Erreger infizieren und tödlich erkranken kann.

Bei manchen Krankheiten wie Bauchspeicheldrüsen- oder Lebererkrankungen kann es jedoch sinnvoller sein, das Fleisch für die Katze zu kochen und es so leichter verdaulich zu machen.

5. Kann ich wirklich Knochen füttern? Man hört immer davon, dass Knochen gefährlich sind.

Ja, auch Knochen können bedenkenlos verfüttert werden, wenn die Katze an Knochenfütterung gewöhnt ist und bspw. nicht mit Verstopfung aufgrund von Knochenkot reagiert.

Die Warnungen, dass Knochen splittern und für Katzen gefährlich sind, beziehen sich lediglich auf gegarte Knochen. Gekochte Knochen können für die Katze tatsächlich gefährlich werden, denn sie sind sehr spitz und können scharfe Kanten haben, so dass die Katze schwere innere Verletzungen davontragen kann. Rohe Knochen sind jedoch elastisch und biegsam und stellen für die Katze keine Gefahr dar. Deshalb dürfen Katzen nur rohe Knochen erhalten.

Dies gilt gleichermaßen für Fischgräten. Auch diese dürfen der Katze nur roh gegeben werden. Gegarte Gräten werden hart und spitz und können bei der Katze innere Verletzungen hervorrufen. Rohe Gräten sind jedoch weich, biegsam und elastisch und für die Katze ungefährlich.

6. Muss ich beim Fleischeinkauf etwas beachten?

Es ist wichtig, dass das Fleisch gut riecht und selbstverständlich nicht verdorben ist. Ob man im Supermarkt aus der Tiefkühltruhe oder den Frischetruhen kauft, beim Metzger, an der Fleischtheke oder in Fleischshops im Internet, bleibt letztendlich jedem selbst überlassen. Hierbei kommt es in erster Linie auf die Gefrierkapazitäten, den Geldbeutel des „Barfers" und den Geschmack der Katze an. Manche Katzen mögen bspw. gewolftes Fleisch oder Innereien aus Fleischshops nicht, fressen jedoch Hackfleisch und Innereien vom Metzger oder aus dem Supermarkt durchaus gerne.

Kauft man tiefgekühltes Fleisch, sollte darauf geachtet werden, dass die Kühlkette nicht unterbrochen wird. Kauft man im Supermarkt, sollte man das Fleisch in Isoliertaschen nach Hause transportieren und dann sofort wieder einfrieren. Kauft man im Internethandel, wird das Fleisch für gewöhnlich in Styroporboxen transportiert. Damit das Fleisch sich auf dem Transportweg gegenseitig kühlt und nicht auftaut, sollte man je nach Jahreszeit und Witterung nicht unter zehn bis zwölf Kilogramm Fleisch kaufen.

Zu Beginn des Barfens empfiehlt es sich, zunächst Fleisch im Supermarkt oder beim Metzger zu kaufen, bis man sicher ist, welche Sorten von der Katze zuverlässig gefressen werden. Nichts ist zum Barfbeginn ärgerlicher und frustrierender, als wenn die Katze eine günstige Fleischlieferung aus dem Internet verschmäht und man als wohlmeinender und engagierter Barfer auf kiloweise Fleisch „sitzen bleibt". Nach einiger Zeit kann man auch in Internetshops stöbern und dort Fleisch kaufen.

7. Gibt es besondere Hygienemaßnahmen, die ich beachten muss?

Das Fleisch für die Katzennahrung sollte mit genau der gleichen hygienischen Sorgfalt zubereitet werden, wie Fleisch für die menschliche Nahrung. Die Auftauflüssigkeit sollte grundsätzlich weggegossen und nicht verwendet werden, da sich in ihr viele Keime befinden können. Weiterhin sollte das Fleisch vor der Zubereitung unter kaltem, fließendem Wasser abgespült und anschließend mit Küchentüchern trocken getupft werden. Die Arbeiten mit dem Fleisch sollten so rasch wie möglich erfolgen und das fertige Futter nach der Zubereitung direkt eingefroren werden.

Selbstverständlich sollte man sich nach der Futterzubereitung selbst waschen und sämtliche benötigten Arbeitsgeräte gründlich reinigen.

8. Kann ich tiefgefrorenes Fleisch auftauen und wieder einfrieren?

Ja, auch wenn auf Fleischpackungen bspw. aus dem Supermarkt geschrieben steht, dass man das Fleisch nach dem Auftauen nicht wieder einfrieren darf, ist dies dennoch möglich. Dieser Hinweis dient dem Schutz der Fleischerzeuger und des Händlers und bezieht sich auf uns Menschen. Es spricht absolut nichts dagegen, tiefgefrorenes Fleisch aufzutauen, zu BARF zu verarbeiten, wieder einzufrieren und zur Fütterung erneut aufzutauen und zu verfüttern. Selbstverständlich sollte man bei der Zubereitung rasch und sauber arbeiten und das aufgetaute Fleisch nicht erst noch lange an der Luft herumliegen lassen. Häufig ist es gar nicht nötig, das tiefgefrorene Fleisch komplett aufzutauen. Für die Verarbeitung genügt es vollkommen, das Fleisch nur soweit anzutauen, dass es geschnitten und verarbeitet werden kann.

9. Kann ich die Supplemente einfrieren?

Ja, sämtliche Zutaten und damit auch alle Supplemente können eingefroren werden. Dies bezieht sich auch auf Supplementenmischungen. Es schadet dem Futter und den Nährstoffen keineswegs, wenn es mit Supplementen eingefroren wird. Oft schmeckt es der Katze sogar besser, wenn die Barfportion mit allen Supplementen eingefroren wird, denn dann zieht die Supplementensoße gut durch. Einige Supplemente ziehen auch in das Fleisch ein und verlieren auf diese Weise ihren intensiven Geschmack.

10. Muss ich das alles bis auf die letzte Nachkommastelle ausrechnen und abwiegen?

Das kommt ganz darauf an, ob die Katze gesund ist oder ob eine kranke Katze mit Spezialbarf verköstigt wird. Im letzteren Fall sollte man bei der Supplementierung durchaus genau sein, denn insbesondere bei Erkrankungen ist es häufig wichtig, dass die Katze ausreichend mit Nährstoffen versorgt ist, aber andererseits bestimmte Nährstoffe nicht überdosiert werden. Ist die Katze jedoch gesund, so muss nicht jedes einzelne Rezept zu 100% korrekt sein. Wichtig ist, dass evtl. Über- oder Unterdosierungen in einem Rezept in den folgenden Rezepten wieder ausgeglichen werden. Wenn also bspw. Rezept A zu wenig Leber (Vitamin A) enthält, kann dafür in Rezept B mehr Leber verarbeitet werden. Auf diese Weise wird ein Ausgleich geschaffen. Außerdem haben die Nährstoffbedarfswerte häufig erhebliche Spannweiten. Auch die Nährstoffgehalte der Zutaten können stark variieren – je nachdem, welche Nährwertdatenbank zu Rate gezogen wird. Dies alles kann sich ein Barfer zu Nutze machen und es als Chance und Möglichkeit zu noch größerer Abwechslung in der Katzenernährung sehen. Nicht zuletzt haben gesunde Katzen auch gewisse Ausgleichsmechanismen (Homöostase). Wichtig ist, dass diese Ausgleichsmechanismen nicht überstrapaziert werden. Man sollte es also mit unausgewogenen Rezepten nicht übertreiben.

6 Wie kann ich meine Katze auf BARF umstellen?

Wenn klar ist, dass man seine Katze barfen möchte, um sie künftig auf natürliche, ausgewogene, physiologisch korrekte und gesunde Weise zu ernähren, stellt sich oft die Frage, wie man seine Katze von Fertigfutter auf BARF umstellen kann.

Man kann natürlich einfach 1 kg Futter anmischen und seiner Katze servieren. Oft hat man Glück, denn viele Katzen sind gar nicht so mäkelig, wie ihnen gemeinhin nachgesagt wird, sondern nehmen das neue Futter gern an. Das ist natürlich der schnellste und direkteste Weg, seine Katze an BARF zu gewöhnen.

Es gibt jedoch auch einige Katzen, bei denen die Umstellung nicht so einfach und problemlos vonstattengeht. Insbesondere, wenn die Katze schon etwas älter ist, kann es sein, dass die Umstellung behutsam vorgenommen werden muss. Je nachdem, welches Futter die Katze bislang bekommen hat, stellt sich eine Umstellung auf BARF anders dar.

Bei einer Futterumstellung ist es besonders wichtig, dass man als Katzenhalter von der Fütterungsform BARF überzeugt ist. Wenn man selbst daran zweifelt, ist das ganze Vorhaben meist zum Scheitern verurteilt. Wenn man aber vom Nutzen und evtl. auch von der Notwendigkeit überzeugt ist, und man mit einer positiven Einstellung an das Vorhaben BARF herangeht, lässt sich jede Katze umstellen. Je nach Willensstärke der Katze benötigt man als überzeugter Katzenhalter und zukünftiger Barfer nur die nötige Portion Geduld. Bei besonders skeptischen Katzen kann eine Futterumstellung durchaus zwei bis vier Wochen dauern. Dies sind aber nur Ausnahmefälle – die meisten Katzen lassen sich innerhalb von einer bis zwei Wochen auf BARF umstellen.

Die verschiedenen Vorgehensweisen werden in den folgenden Kapiteln näher erörtert.

6.1 Umstellung auf BARF – Meine Katze frisst bislang nur Trockenfutter

Dies ist der schwierigste Fall, denn Trockenfutter ist schon allein wegen seiner Konsistenz für die Katze etwas ganz anderes als Mahlzeiten auf der Grundlage von Frischfleisch.

Häufig steht Trockenfutter für die Katze den ganzen Tag über zur freien Verfügung. Bei einer Futterumstellung bietet es sich an, das Futter nicht die ganze Zeit über stehen zu lassen, sondern feste Fütterungszeiten einzuführen und das Futter etwa eine halbe bis ganze Stunde nach der Fütterung wieder wegzustellen. Auf diese Weise soll die Katze lernen, dass sie etwas fressen sollte, wenn sie die Möglichkeit dazu hat. Nach erfolgreicher Umstellung spricht nichts dagegen, das BARF wieder den ganzen Tag zur freien Verfügung stehen zu lassen.

Um seine Katze von Trockenfutter auf BARF umzustellen, kann man zuerst versuchen, ihr etwas Nassfutter anzubieten. Wenn sie dies problemlos annimmt, hat man schon sehr viel gewonnen, denn die Umstellung von Nassfutter auf BARF ist meist einfacher als von Trockenfutter, da Nassfutter und BARF zumindest eine ähnliche Konsistenz haben.

Man kann auch versuchen, eine kleine Menge BARF oder klein geschnittenes oder gewolftes Fleisch unter das Trockenfutter zu mischen und schauen, ob die Katze das neue Futter mitfrisst. Akzeptiert sie das neue Futter, kann man die Barfmenge langsam und behutsam steigern und gleichzeitig die Menge an Trockenfutter reduzieren, bis die Katze nur noch BARF im Napf vorfindet.

Wenn die Katze aber kein Nassfutter und auch kein BARF oder Fleisch im Trockenfutter akzeptiert, heißt es als erstes, sie an die feuchtere Futterkonsistenz zu gewöhnen. Hierzu kann man das Trockenfutter mit einer Sprühflasche besprühen. Zuerst gibt man nur einen Sprühstoß über das Futter. Wenn die Katze das auf diese Weise leicht angefeuchtete Trockenfutter frisst, kann man zur nächsten Mahlzeit zwei Sprühstöße über das Futter geben. Akzeptiert sie auch das, kann man zu jeder Mahlzeit einmal mehr sprühen. Das Wasser sollte vor der Fütterung in die Trockenfutterbrocken eingezogen sein.

Nach einiger Zeit sollte die Katze so viel Wasser akzeptieren, dass man das Trockenfutter einige Zeit vor der Fütterung mit Wasser einweichen kann. Das Trockenfutter nimmt das Wasser auf, quillt und hat dann eine ähnliche Konsistenz wie Nass- oder Feuchtfutter. Akzeptiert die Katze nasses Trockenfutter, hat man bereits sehr viel erreicht.

Der nächste Schritt ist, unter das gequollene Trockenfutter fertig supplementiertes BARF, kleingeschnittenes Fleisch oder Nassfutter zu mischen. Hier muss man ausprobieren, welche Variante die Katze am ehesten akzeptiert. Optimal wäre natürlich, sie würde im gequollenen Trockenfutter kleine Mengen fertiges BARF akzeptieren. Ist dies der Fall, kann man wie zuvor beschrieben die BARF-Menge langsam steigern und die Menge an Trockenfutter langsam reduzieren, bis die Katze nur noch BARF frisst. Ähnlich kann man vorgehen, wenn die Katze zwar kein fertiges BARF, aber immerhin rohes Fleisch in ihrem gequollenen Trockenfutter akzeptiert. Weigert sie sich jedoch auch dazu, bleibt einem nichts anderes übrig, die Katze zunächst an Nassfutter zu gewöhnen.

Hierzu gibt man je nach Akzeptanz der Katze eine winzige Menge Nassfutter in die Trockenfuttermahlzeit. Bei besonders heiklen Katzen muss man sich vorsichtig an die akzeptierte Menge herantasten – das kann ein Teelöffel voll oder auch nur ein halber Teelöffel Nassfutter pro Mahlzeit sein. Akzeptiert die Katze das Nassfutter und frisst es mit, kann man zur nächsten Mahlzeit ein wenig mehr Nassfutter zum Trockenfutter geben. Wenn die Katze eine bestimmte Menge Nassfutter im gequollenen Trockenfutter verweigert, geht man einen Schritt zurück und gibt ihr nur so viel Nassfutter ins Trockenfutter, wie sie zuvor gefressen hat. So kann man nach und nach seine Katze an Nassfutter gewöhnen und das Trockenfutter langsam ausschleichen. Nach einiger Zeit hat man seine Katze erfolgreich auf Nassfutter umgestellt.

Wie die Umstellung von Nassfutter auf BARF funktioniert, wird im nächsten Kapitel erläutert.

6.2 Umstellung auf BARF – Meine Katze frisst bisher Nassfutter

Frisst die Katze bereits zuverlässig Nassfutter, ist schon viel gewonnen, denn von der Konsistenz her sind sich Nassfutter und BARF relativ ähnlich. Dennoch enthalten viele Nassfuttersorten Zusatzmittel wie bspw. Aromastoffe, um das Futter für die Katze schmackhafter zu machen. Solche Stoffe sind im BARF natürlich nicht enthalten, weshalb es weniger intensiv riecht und schmeckt als Nassfutter und aus diesem Grund von manchen Katzen evtl. zunächst verschmäht wird.

Man kann versuchen, geringe Mengen voll supplementiertes BARF unter das gewohnte Futter zu mischen und schauen, ob die Katze es akzeptiert und mitfrisst. Mit ein wenig Glück kann man seine Katze auf diese Weise umstellen und mit jeder Mahlzeit etwas mehr BARF und etwas weniger Nassfutter geben. Nach einiger Zeit kann man das Nassfutter dann weglassen und die Mahlzeiten bestehen zu 100 % aus BARF.

Frisst die Katze auch keine noch so geringen Mengen BARF in ihrem Nassfutter, bleibt nur die Möglichkeit, sie zunächst auf rohes Fleisch umzustellen. Die meisten Katzen mögen Hähnchen- oder Putenbrust – mit diesen Fleischsorten kann man bspw. beginnen.

Hierzu schneidet man Fleisch in kleine Stückchen oder wolft oder püriert es sogar. Die Fleischstücke sollten höchstens so groß sein wie die Fertigfutterbrocken, besser sogar etwas kleiner. Von dem Fleisch mischt man eine geringe Menge in das gewohnte Futter der Katze und serviert es ihr. Welche Fleischmenge akzeptiert wird, kann ganz unterschiedlich sein und hängt individuell von der Katze ab. Man kann mit einem Teelöffel voll Fleisch beginnen – wird diese Menge jedoch nicht akzeptiert, muss man weniger Fleisch zum Nassfutter geben. Hat man die von der Katze akzeptierte Fleischmenge zum Umstellungs-Start gefunden, kann man eine oder zwei Mahlzeiten mit dieser Fleisch-Nassfutter-Mischung füttern. Zur nächsten Mahlzeit wird die Fleischmenge vorsichtig gesteigert und es können bspw. zwei Teelöffel Fleisch unter das Nassfutter gemischt werden. Akzeptiert die Katze die neue Mischung nicht, geht man einen Schritt zurück und gibt ihr wieder die Mischung mit der Fleischmenge, die sie beim letzten Mal noch gefressen hat. Zur nächsten Mahlzeit kann man dann versuchen, die Fleischmenge wieder leicht zu steigern. Auf diese Weise erhöht man schrittweise den Fleischanteil und vermindert gleichzeitig den Anteil an Nassfutter, bis die Katze nach einiger Zeit eine komplette Fleischmahlzeit ohne Nassfutter frisst. Man hat seine Katze erfolgreich auf natürliches Rohfleisch umgestellt.

6.3 Umstellung auf BARF – Meine Katze frisst schon rohes Fleisch aber noch keine Supplemente

Frisst die Katze bereits Fleisch, jedoch noch keine Supplemente, so ist es nur noch ein kleiner Schritt, die Katze komplett auf BARF umzustellen. Wenn die Katze Fleisch mag und zuverlässig frisst, ist bereits sehr viel erreicht. Fleisch allein stellt jedoch keine ausgewogene Ernährung dar, deshalb müssen im nächsten Schritt die Supplemente eingeführt werden.

Oft kann man insbesondere im Internet lesen, dass eine Katze dauerhaft Fleisch ohne Supplemente bekommen kann, wenn sie ansonsten mit einem ausgewogenen Alleinfutter ernährt wird, solange sie nicht mehr als 20 % Fleisch erhält. Der Gedanke hinter dieser sogenannten 20%-Regel ist der, dass Fertigfutter häufig mit Vitaminen und Mineralstoffen im Überschuss angereichert wird und dieses Übermaß der Nährstoffe auch für 20 % Fleisch ausreichend ist. Dies mag ggf. auch so sein, jedoch kommt es nicht nur auf die absoluten Mengen an Vitaminen und Mineralstoffen an, sondern auch auf die Verhältnisse von bestimmten Mineralstoffen zueinander. Von besonderer Bedeutung für die Nierengesundheit ist z. B. das Verhältnis von Kalzium zu Phosphor (Ca/P-Verhältnis). Nierengesunde Katzen sollten eine Nahrung erhalten, deren Ca/P-Verhältnis etwa bei 1:1 liegt. Das Futter sollte also etwa genauso viel Kalzium wie Phosphor enthalten. Dies ist durch ein ausgewogenes Alleinfutter gewährleistet, denn handelsübliche Fertigfutter enthalten bspw. 0,2% Phosphor und 0,2% Kalzium (also je 100 g Futter 200 mg Phosphor und 200 mg Kalzium), was genau dem physiologisch korrekten Verhältnis entspricht. Unsupplementiertes Fleisch enthält jedoch je nach Sorte etwa 200 mg Phosphor und ca. 10 mg Kalzium je 100 g, was einem Ca/P-Verhältnis von durchschnittlich 1:20 entspricht – es enthält also etwa 20mal so viel Phosphor wie Kalzium. Erhält die Katze nun ein Futter, welches aus 80% Fertigfutter und 20% unsupplementiertem Fleisch besteht, bekommt sie auf diese Weise ein Gesamtfutter mit einem Ca/P-Verhältnis von insgesamt 0,8:1. Das Futter hat einen etwa 25%-igen Phosphorüberschuss. Wird eine Katze dauerhaft oder auch nur für längere Zeit mit einer solchen Mischung ernährt, können schwerwiegende Erkrankungen an den Nieren und den Harnwegen entstehen. Um dies zu vermeiden, sollten Katzen dauerhaft kein unsupplementiertes Fleisch in relevanten Mengen enthalten, da hierdurch das Verhältnis der Mineralstoffe aus dem Gleichgewicht gerät. Kurzzeitig kann man gesunden Katzen jedoch auch Fleisch ohne Supplemente anbieten, nach spätestens ein bis zwei Wochen sollte jedoch zumindest ein Kalziumausgleich geschaffen werden, um Nierenschäden zu vermeiden.

Die meisten Supplemente sind weitgehend geschmacksneutral, daher dürften Ergänzungsmittel wie bspw. Phosphor oder Kalzium keine Probleme bereiten. Auch Salz, Taurin und Vitamin B-Komplex werden in der Regel problemlos von den Katzen mitgefressen. Anders kann es bei geschmacksintensiven Supplementen wie Leber zur Vitamin A-Ergänzung, Fisch für Vitamin D oder auch Seealgenmehl für Jod oder Blutpräparate für die Eisenergänzung aussehen.

Nachfolgend ist aufgelistet, in welcher Reihenfolge die einzelnen Supplemente eingeführt werden können. Die Liste richtet sich sowohl nach der Wichtigkeit der Nährstoffe als auch nach der zu erwartenden Akzeptanz durch die Katze.

1. Kalzium wie gemahlene Eierschale, Calcium-Carbonat oder Calcium-Citrat
2. Taurin in Form von reinem Taurinpulver
3. Salz
4. Vitamin E in Form von Vitamin E-Tropfen oder Kapseln
5. Vitamin B in Form von Vitamin B-Komplex oder Bierhefe
6. Phosphor in Form von Knochenmehl oder Di-Calcium-Phosphat
7. Vitamin A in Form von Leber
8. Vitamin D in Form von Fisch wie Lachs (Salmo Salar) oder Regenbogenforelle
9. Jod in Form von Seealgenmehl
10. Eisen in Form von Fortain oder Blutmehl
11. Lachsöl oder Leinöl

Zu jeder Fleischmahlzeit wird ein Supplement ergänzt – die erste Mahlzeit enthält also zusätzlich Kalzium, die zweite Mahlzeit enthält Kalzium und Taurin und immer so weiter. Wenn alles gut geht, sollte die Katze demnach nach etwa drei Tagen bis einer Woche voll supplementiertes BARF fressen.

Wenn die Katze ein Supplement nicht akzeptiert, so sollte sie zur nächsten Mahlzeit nur die Supplemente erhalten, die sie bislang zuverlässig mitgefressen hat. Akzeptiert sie diese Mischung, wird das problematische Supplement „übersprungen" und das nachfolgende Supplement eingeführt. Das oder die problematischen Supplemente können zum Schluss vorsichtig und behutsam in minimalsten Dosen eingeführt werden. Akzeptiert die Katze z. B. kein Fortain oder Blutmehl in der erforderlichen Menge, so kann das ansonsten voll supplementierte BARF zunächst nur einen Hauch Blutmehl erhalten. Wir diese Dosis akzeptiert, erhält die Katze zur nächsten Mahlzeit ein kleines bisschen mehr Blutmehl in ihrem BARF, bis sie sich Schritt für Schritt an die erforderliche Menge gewöhnt hat.

Manche Katzen reagieren jedoch sehr empfindlich auf gewisse Supplemente und verweigern auch bei minimalster Zugabe die Futteraufnahme. In einem solchen Fall kann man auf synthetische Präparate ausweichen:

- statt Leber: Vitamin A-Tabletten oder Kapseln aus der Apotheke (Retinol)
- statt Forelle, Lachs oder anderen Fisch als Vitamin D-Lieferant: Lammherz oder Vitamin D_3-Tabletten aus der Apotheke bzw. Drogerie
- statt Seealgenmehl: Jodtabletten aus der Apotheke oder Drogerie
- statt Fortain oder Blutmehl: Eisentabletten oder Tropfen aus der Apotheke oder Drogerie

Diese synthetischen Ergänzungspräparate sind meist geschmacksneutral und werden von den Katzen normalerweise in der Nahrung akzeptiert. Hat sich die Katze an voll supplementiertes BARF gewöhnt, kann man nach einiger Zeit erneut versuchen, die noch fehlenden natürlichen Supplemente einzuführen, denn diese sollten immer den synthetischen Präparaten vorgezogen werden.

Auf ähnliche Weise kann man vorgehen, wenn man statt Einzelsupplementen Supplementenmischungen verwenden möchte.

Dem Fleisch wird ggf. zunächst eine kleine Menge der Mischung zugesetzt. Wird dies von der Katze gefressen, erhält sie in der nächsten Mahlzeit ein klein wenig mehr dieser Mischung, bis sie nach einigen Mahlzeiten die erforderliche Menge der Supplementenmischung im Futter akzeptiert.

Herzlichen Glückwunsch! Die Katze ist nun erfolgreich auf BARF umgestellt und erhält eine ausgewogene und gesunde Nahrung.

Im nächsten Schritt können weitere Fleischsorten eingeführt oder auch Knochen oder weitere Innereien in den Rezepten verarbeitet werden, damit die Katze die nötige Abwechslung erhält.

Abbildung 9: Wenn die Katze Fleischstücke kaut, reinigt sie damit ihre Zähne.

6.4 Umstellungstricks für ganz harte Fälle

Mit den vorgenannten Methoden sollte es möglich sein, die Katze nötigenfalls über die Zwischenstufen Nassfutter und unsupplementiertes Fleisch auf BARF umzustellen. Manche Katzen können jedoch in Bezug auf ihr Futter sehr stur sein und lassen sich nur mit dem einen oder anderen Trick auf BARF umstellen. Wie bei solchen Katzen vorgegangen werden kann, soll im Folgenden beschrieben werden.

6.4.1 Futterzusätze

Man kann seiner Katze das neue Futter schmackhaft machen, indem man etwas besonders Leckeres unter die Mahlzeit mischt oder über das Futter streut. Folgende „Lockmittel" haben sich vielfach bewährt:

- etwas fein zerbröseltes Trockenfutter oder Leckerchen
- Parmesan
- Bierhefe
- wenige Tropfen Sojasoße oder Maggi
- ein Hauch Paprika edelsüß
- etwas flüssige Butter
- etwas Thunfisch im eigenen Saft oder Thunfisch-Sud
- etwas Hering in Tomatensoße aus der Dose
- einige Teelöffel Fleisch- oder Fischbrühe
- etwas Sahne, Creme fraiche oder Schmand
- Eigelb

Selbstverständlich sollte man von diesen Zutaten nur geringe Mengen verwenden. Insbesondere Gewürze oder Menschennahrung sind für Katzen als dauerhafter Futterzusatz nicht geeignet und sollten aus diesem Grund nur in den unbedingt notwendigen Mengen zur Umstellung verwendet werden. Außerdem sollte auf derartige Zusätze natürlich verzichtet werden, sobald die Katze das neue Futter oder das Futter mit BARF- oder Fleischanteil zuverlässig frisst.

Mithilfe von Gelatine können auch „Barfhäppchen in Gelee" zubereitet werden, wenn die Katze solche Futtersorten bevorzugt. Hierzu wird die 1,5-fache bis doppelte Menge Gelatine (gekörnte Gelatine oder Blattgelatine) entsprechend der Packungsanleitung zubereitet und in die Supplementensoße oder das Wasser bzw. die Brühe gegeben und das Fleisch darunter gerührt. Wenn die Gelatine beginnt, fest zu werden, kann das Futter eingefroren werden.

6.4.2 Kochbarf

Manchmal kann es vorkommen, dass Katzen rohes Fleisch verschmähen, gekochtes jedoch gern annehmen. Für diese Katzen kann sogenanntes Kochbarf zubereitet werden. Gekochtes Fleisch besitzt einen intensiveren Geschmack und Geruch als rohes Fleisch und auch die Konsistenz ist der von Nassfutter ähnlicher als rohes Fleisch. Kochbarf wird genauso zubereitet wie rohes BARF, nur dass das Fleisch gekocht, gedämpft oder gebraten wird.

Auf Knochen muss man beim Kochbarf verzichten, denn diese stellen im gegarten Zustand ein hohes Verletzungsrisiko dar und dürfen nur roh verfüttert werden. Ebenso verhält es sich mit Gräten, so dass beim Kochbarf nur Fischfilet verwendet werden sollte oder die Gräten entfernt werden müssen.

Beim Kochbarf werden die Supplemente anhand des rohen Fleischgewichtes ermittelt. Da sich beim Kochvorgang einige Mineralstoffe und Vitamine aus dem Fleisch lösen und in das Wasser übergehen, sollte die Kochbrühe unbedingt mit verfüttert werden. Die Brühe kann anstelle von Wasser dem BARF bzw. der Supplementensoße zugegeben werden.

Das Fleisch wird mit genau der gleichen hygienischen Sorgfalt zubereitet wie das Fleisch für Roh-BARF. Es wird unter fließendem kaltem Wasser abgespült, anschließend mit Küchenpapier trockengetupft und grob zerkleinert. Große Fleischstücke werden in gleichmäßig große Teile geschnitten und komplette Futtertiere werden mit einer Geflügelschere oder einem Fleischbeil ebenfalls zerteilt. Auf diese Weise verkürzt sich die Kochzeit und man spart viel Platz im Topf ein. Das vorbereitete Fleisch wird in einen Topf gegeben und knapp mit kochendem Wasser bedeckt. Es sollte so wenig Wasser wie möglich verwendet werden, damit die Nährstoffe, welche sich aus dem Fleisch herauslösen, nicht unnötig stark verdünnt werden. Nun wird das Fleisch gekocht, bis es gar ist.

Verwendet man Fleisch mit Knochen, ist es praktischer, die Knochen erst nach dem Kochen herauszulösen, da dies viel einfacher ist als bei rohem Fleisch. Um das reine Rohfleischgewicht für die Supplementenberechnung zu ermitteln, rechnet man folgendermaßen:

Rohes Fleisch inkl. Knochen − herausgelöste Knochen = Rohfleischgewicht

Man zieht vom Rohfleischgewicht mit Knochen das Gewicht der herausgelösten Knochen ab und erhält auf diese Weise das reine Rohfleischgewicht, mit dem die Supplementenmengen bestimmt werden können.

Nach dem Kochen wird das Fleisch in katzengerechte Stücke geschnitten. Sobald Fleisch und Kochbrühe auf Zimmertemperatur abgekühlt sind, können die Supplemente hinzugegeben werden. Das fertige Futter wird portioniert und eingefroren.

Wenn die Katze Kochbarf zuverlässig frisst, kann man nach einiger Zeit versuchen, das Fleisch beim Kochen immer roher zu lassen, indem man die Kochzeit immer mehr verkürzt. Auf diese Weise kann man seine Katze nach und nach an rohes Fleisch gewöhnen.

Wenn die Katze rohes Fleisch jedoch partout nicht annehmen will, spricht nichts dagegen, sie dauerhaft mit Kochbarf zu ernähren.

6.4.3 Besondere Fütterungszeiten

Manche Katzen wissen bei einer Futterumstellung sehr genau, wie sie ihr wohlmeinendes Herrchen oder Frauchen durch Bettelei dazu bringen, ihr das gewohnte Futter zu geben. Diese anklagenden oder schmachtenden Blicke und das fordernde Miauen kennt wohl ein Jeder nur zu genau.

Damit die Katze in der Umstellungsphase nicht nach einem anderen Futter betteln kann, bietet es sich an, nach der Fütterung zumindest den Futterplatz oder besser noch die Wohnung bzw. das Haus zu verlassen. Wenn Herrchen oder Frauchen nicht zu Hause sind, kann Katz' auch nicht betteln. Nicht selten ist der Napf geleert oder zumindest etwas von dem neuen Futter gefressen, wenn der Katzenbesitzer wieder nach Hause kommt. Genauso kann man die BARF-Mahlzeit oder das neue Futter anbieten und anschließend zu Bett gehen. Oft wird das Futter dann von der Katze über Nacht gefressen.

Noch größer wird der Erfolg, wenn das Abendessen am Abend zuvor etwas knapper ausfällt als gewohnt. Meist sind Hunger und Appetit am nächsten Morgen dann so groß, dass die Katze das neue Futter frisst.

Man sollte sich jedoch nicht dazu verleiten lassen, die Katze so lange hungern zu lassen, bis sie das neue Futter frisst. Besonders bei übergewichtigen Katzen besteht bei dieser Vorgehensweise die Gefahr einer hepatischen Lipidose, also einer Leberverfettung. Um dieser Gefahr zu entgehen, sollte die Katze mindestens einmal am Tag etwas fressen.

7 Rezepte zum Nachmachen

Die nachfolgend vorgestellten Rezepte eignen sich für gesunde Katzen jeder Altersgruppe. Sie reichen für eine ausgewachsene Katze mit 5 kg Körpergewicht und normal großem Appetit etwa eine Woche. Lassen Sie sich inspirieren und probieren Sie einfach ein paar dieser Köstlichkeiten aus. Ihre Katze wird sich das Mäulchen lecken und erhält ganz besonders nahrhafte, gesunde und gut verdauliche Mahlzeiten.

Es gibt Rezepte mit unterschiedlichen Fleischsorten für Abwechslung und Vielfalt im Futternapf. Es gibt Rezepte mit Knochen für den extra Biss und den besonderen Knabberspaß. Es gibt Rezepte mit besonders exklusiven Fleischsorten für ganz spezielle Anlässe. Und es gibt sogar einige Rezepte für Leckerchen, damit Sie Ihren geliebten Stubentiger auf gesunde Weise verwöhnen können. Hier ist garantiert für jede Katze etwas dabei.

Abbildung 10: Mit BARF erhält die Katze eine ausgewogene Ernährung, die ihrer Natur als Fleischfresser entspricht.

7.1 Rezepte ohne Knochen für die sanfte Samtpfote

Bekömmliches Huhn
- 500 g Hühnchenbrustfilet
- 400 g Hühnerfleisch mit Haut (z. B. das Fleisch der Hühnerkeule)
- 100 g Hühnerherzen
- 5 g Hühnerleber
- 22 g Regenbogenforelle
- 3 Tropfen Vitamin E (Allcura mit 31 IE je Tropfen)
- 1 Kapsel Vitamin B-Komplex
- 1,06 g Seealgenmehl
- 13,08 g Fortain oder 1 Eisentablette (mit 50 mg Eisengehalt je Tablette)
- 7,17 g Di-Calcium-Phosphat
- 4,85 g Calcium-Carbonat
- 2,78 g Meersalz
- 1 g Lachsöl
- 2,0 g Taurin
- 450 ml Wasser
- 50 g rohes Gemüse oder eingeweichtes Getreide

Fleisch und Hühnerherzen in kleine Stückchen schneiden. Leber, Forelle, das geputzte Gemüse bzw. das eingeweichte Getreide und die Supplemente zusammen mit dem Wasser zu einer Soße pürieren. Das Fleisch in sieben Gefrierbehälter portionieren und die Soße gleichmäßig darüber verteilen. Guten Appetit!

Extra-Tipp:
Aus den Knochen der Hühnerkeulen mit dem Wasser eine kräftige Brühe kochen und diese statt Wasser zum Futter geben.

Feines Lamm

- 1 kg mittelfettes Lammfleisch
- 50 g geraspeltes Gemüse oder eingeweichtes Getreide oder Gemüseflocken
- 10 g Lammleber
- 23 g Regenbogenforelle
- 3 Vitamin E-Tropfen (Alcura mit 31 IE Vitamin je Tropfen)
- 1 Kapsel Vitamin B-Komplex
- 1,06 g Seealgenmehl
- 11,8 g Fortain oder 0,6 Eisentabletten (mit 50 mg Eisen je Tablette)
- 7,23 g Di-Calcium-Phosphat
- 8,94 g Calcium-Citrat
- 3,46 g Meersalz
- 2,0 g Taurin
- 140 ml Wasser

Das Fleisch in katzengerechte Stücke schneiden. Gemüse, Leber und Fisch mit dem Wasser zu einer Soße pürieren. Die Supplemente abwiegen und hinzufügen. Das Fleisch in sieben Portionen abfüllen und die Supplementensoße gleichmäßig darübergeben. Guten Appetit!

Deftiges Rind

- 500 g mageres Rindfleisch wie Rindergulasch
- 500 g durchwachsenes Rindfleisch wie Suppenfleisch oder Beinscheibe
- 50 g Rinderherz
- 50 g geraspeltes Gemüse oder eingeweichtes Getreide oder Gemüseflocken
- 12 g Rinderleber
- 97 g Lachs (Salmo Salar)
- 3 Vitamin E-Tropfen (Alcura mit 31 IE Vitamin je Tropfen)
- 1 Kapsel Vitamin B-Komplex
- 1,25 g Seealgenmehl
- 9,61 g Fortain oder ½ Eisentablette (mit 50 mg Eisen je Tablette)
- 5,68 g Knochenmehl
- 4,55 g gemahlene Eierschale
- 4,37 g unjodiertes Tafelsalz
- 2,1 g Taurin
- 230 ml Wasser

Fleisch und Rinderherz in katzengerechte Stücke schneiden. Leber, Lachs und Gemüse bzw. Getreide mit dem Wasser und den Supplementen zu einer Soße pürieren. Fleisch in sieben Gefrierbehälter füllen und die Soße gleichmäßig darüber geben. Guten Appetit!

Extra-Tipp:
Das Rinderherz mit in die Soße püriert macht diese noch herzhafter.
Wird Rinderbeinscheibe verwendet, so kann das Mark mit in die Soße püriert werden.
Aus dem Knochen kann mit dem Wasser eine kräftige Brühe gekocht und statt Wasser zum Futter gegeben werden.

7.2 Rezepte mit Knochen für den wilden Stubentiger

Geflügelte Ente
- 700 g Entenfleisch ohne Haut
- 50 g Hühnermagen
- 300 g Hühnerflügel oder Entenflügel
- 50 g geraspeltes Gemüse oder eingeweichtes Getreide oder Gemüseflocken
- 14 g Entenleber
- 24 g Regenbogenforelle
- 5 Vitamin E-Tropfen (Alcura mit 31 IE Vitamin je Tropfen)
- 1 Kapsel Vitamin B-Komplex
- 1,28 g Seealgenmehl
- 4,28 g Fortain oder ¼ Eisentablette (mit 50 mg Eisen je Tablette)
- 4,34 g Calcium-Citrat
- 2,74 g unjodiertes Tafelsalz
- 2,1 g Taurin
- 4 g Lachsöl
- 180 ml Wasser

Das Fleisch und die Mägen in katzengerechte Stücke schneiden. Die Flügel mit der Geflügelschere in kleine Stücke schneiden oder mit dem Fleischwolf zerkleinern. Leber, Fisch und Gemüse zusammen mit den Supplementen und dem Wasser zu einer Soße pürieren. Ggf. die gewolften Knochen mit in die Soße mixen. Das Fleisch in sieben Gefrierbehälter portionieren und die Soße gleichmäßig darüber verteilen. Guten Appetit!

Extra-Tipp:
Aus weiteren Entenknochen kann mit dem Wasser eine kräftige Brühe gekocht und statt Wasser zum Futter gegeben werden.

Knackige Pute
- 350 g Putenfleisch ohne Haut
- 300 g Putenfleisch mit Haut
- 200 g Putenherz
- 200 g Hühnerhälse
- 50 g geraspeltes Gemüse oder eingeweichtes Getreide oder Gemüseflocken
- 9 g Putenleber
- 114 g Lachs (Salmo Salar)
- 3 Vitamin E-Tropfen (Alcura mit 31 IE Vitamin je Tropfen)
- 1 Kapsel Vitamin B-Komplex
- 0,86 g Seealgenmehl
- 11,56 g Fortain oder 0,6 Eisentabletten (mit 50 mg Eisen je Tablette)
- 6,81 g Calcium-Carbonat
- 3,82 g Meersalz
- 2,1 g Taurin
- 450 ml Wasser

Das Fleisch und die Herzen in katzengerechte Stücke schneiden. Die Hälse mit der Geflügelschere in kleine Stücke schneiden oder mit dem Fleischwolf zerkleinern. Leber, Fisch und Gemüse zusammen mit den Supplementen und dem Wasser zu einer Soße pürieren. Ggf. die gewolften Knochen mit in die Soße mixen. Das Fleisch in sieben Gefrierbehälter portionieren und die Soße gleichmäßig darüber verteilen. Guten Appetit!

Gänseklein
- 700 g Gänsefleisch ohne Haut
- 150 g Hühnerherzen
- 200 g Hühnerklein
- 50 g geraspeltes Gemüse oder eingeweichtes Getreide oder Gemüseflocken
- 25 g Gänseleber
- 23 g Regenbogenforelle
- 4 Vitamin E-Tropfen (Alcura mit 31 IE Vitamin je Tropfen)
- 15 g Bierhefeflocken oder ½ Kapsel Vitamin B-Komplex
- 1,0 g Seealgenmehl
- 8,38 g Fortain oder ½ Eisentabletten (mit 50 mg Eisen je Tablette)
- 14,13 g Calcium-Carbonat
- 3,47 g Meersalz
- 2,1 g Taurin
- 2,2 g Lachsöl
- 350 ml Wasser

Das Fleisch und die Herzen in katzengerechte Stücke schneiden. Die Knochen mit der Geflügelschere in kleine Stücke schneiden oder mit dem Fleischwolf zerkleinern. Leber, Fisch und Gemüse zusammen mit den Supplementen und dem Wasser zu einer Soße pürieren. Ggf. die gewolften Knochen mit in die Soße mixen. Das Fleisch in sieben Gefrierbehälter portionieren und die Soße gleichmäßig darüber verteilen. Guten Appetit!

7.3 Exklusive Rezepte für den besonderen Feinschmecker

Wachtel und Truthahn
- 500 g Wachtelfleisch mit Haut (entspricht dem Fleisch von etwa 5 Wachteln)
- 400 g Truthahnfleisch mit Haut
- 150 g Hühnermagen
- 50 g geraspeltes Gemüse oder eingeweichtes Getreide oder Gemüseflocken
- 7 g Putenleber

- 22 g Sprotten
- 3 Vitamin E-Tropfen (Alcura mit 31 IE Vitamin je Tropfen)
- 1 Kapsel Vitamin B-Komplex
- 1,24 g Seealgenmehl
- 7,97 g Fortain
- 6,27 g Knochenmehl
- 6,71 g Calcium-Citrat
- 3,45 g Tafelsalz unjodiert
- 2,1 g Taurin
- 200 ml Wasser

Das Fleisch in katzengerechte Stücke schneiden. Die Mägen sehr klein schneiden oder mit dem Fleischwolf zerkleinern. Leber, Fisch, Gemüse und Supplemente zusammen mit dem Wasser zu einer Soße pürieren. Das Fleisch in sieben Gefrierbehälter portionieren und die Soße gleichmäßig darüber geben. Guten Appetit!

Extra-Tipp:
Ein Teil der zerkleinerten Mägen kann mit in die Soße püriert werden, auf diese Weise wird die Soße etwas dicker. Aus den Knochen der Wachteln kann eine kräftige Brühe gekocht und diese statt Wasser in die Soße gegeben werden.

Fischtöpfchen mit Thunfisch
- 500 g Goldlachs oder anderer Lachs einer Oncorhynchus-Art
- 500 g Alaska-Seelachs
- 50 g Thunfisch
- 50 g geraspeltes Gemüse oder eingeweichtes Getreide oder Gemüseflocken
- 5 g Hühnerleber
- 4 Vitamin E-Tropfen (Alcura mit 31 IE Vitamin je Tropfen)
- 1 Kapsel Vitamin B-Komplex
- 16,56 g Fortain oder 1 Eisentablette (mit 50 mg Eisen je Tablette)
- 0,64 g Di-Calcium-Phosphat
- 9,52 g Calcium-Carbonat
- 4,6 g Meersalz
- 2,1 g Taurin
- 200 ml Wasser

Den Fisch in katzengerechte Stücke schneiden. Leber, Gemüse und Supplemente zusammen mit dem Wasser zu einer Soße pürieren. Den Fisch in sieben Gefrierbehälter portionieren und die Soße gleichmäßig darüber geben. Guten Appetit!

Extra-Tipp:
Dieses Rezept enthält besonders viele Omega3-Fettsäuren. Es sollte deshalb im Wechsel mit anderen Fleisch-Rezepten verfüttert werden.

Wildgenuss mit Aal
- 800 g Hirschfleisch
- 250 g Hühnerherzen
- 21 g Aal
- 50 g geraspeltes Gemüse oder eingeweichtes Getreide oder Gemüseflocken
- 26 g Leber vom Damwild
- 3 Vitamin E-Tropfen (Alcura mit 31 IE Vitamin je Tropfen)
- 1 Kapsel Vitamin B-Komplex
- 0,84 g Seealgenmehl
- 9,78 g Fortain oder ½ Eisentablette (mit 50 mg Eisen je Tablette)
- 7,39 g Di-Calcium-Phosphat
- 4,68 g gemahlene Eierschale
- 3,37 g Meersalz
- 2,1 g Taurin
- 150 ml Wasser

Das Fleisch in katzengerechte Stücke schneiden. Leber, Gemüse und Supplemente zusammen mit dem Wasser zu einer Soße pürieren. Das Fleisch in sieben Gefrierbehälter portionieren und die Soße gleichmäßig darüber geben. Guten Appetit!

Extra-Tipp:
Ein Teil der Herzen kann mit in die Soße püriert werden, auf diese Weise wird die Soße noch gehaltvoller im Geschmack.

7.4 Leckerli-Rezepte für spezielle Verwöhnmomente

Eine Katze kann mit selbst hergestelltem Futter nicht nur ausgesprochen gesund und natürlich ernährt werden – eine Katze kann mit selbst hergestellten Leckerli selbstverständlich auch gesund und natürlich naschen. Nachfolgend werden einige Leckerchen-Rezepte vorgestellt, mit der jede Katze auf besondere Weise verwöhnt werden kann. Und alles garantiert ohne Geschmacksverstärker, Farbstoffe, Zucker oder sonstige zweifelhafte Zutaten.

Abbildung 11: Trockenfleisch ist ein natürlicher Leckerbissen, der außerdem einen leichten Zahnreinigungseffekt besitzt.

Thunfisch-Leckerchen

- ½ Dose Thunfisch im eigenen Saft, abgetropft
- ½ verquirltes Ei
- 1 Teelöffel ungewürztes Schmalz oder Butter
- ca. 3 gehäufte Esslöffel Kartoffelmehl

Alle Zutaten außer dem Kartoffelmehl mit dem Mixer zu einer gleichmäßigen Masse verrühren. Nach und nach das Kartoffelmehl dazugeben und weiter rühren, bis der Teig etwa die Konsistenz von gut verarbeitbarem Plätzchenteig erhält.

Anschließend aus dem Teig lange dünne Würstchen formen und mit einem Messer etwa erbsengroße Stückchen abschneiden. Die Teigstückchen auf ein mit Backpapier ausgelegtes Backblech legen und im Ofen auf mittlerer Schiene bei ca. 180°C ca. 10 bis 15 Minuten goldgelb backen. Durch das Ei gehen die Leckerchen etwas auf und haben schließlich etwa die doppelte Größe.

Die Menge reicht für ein Blech und ergibt etwa 120 g fertige Leckerchen. Die fertigen Leckerchen in einer Dose lagern und innerhalb von etwa 3 Monaten aufbrauchen. Guten Appetit!

Extra-Tipp:
Für den extra-großen Fischgenuss den Inhalt von ein bis zwei Lachsölkapseln hinzufügen.

Käse-Leckerchen

- 70 g geriebener Parmesan
- ½ verquirltes Ei
- 2 Teelöffel ungewürztes Schmalz oder Butter
- ca. 4 gehäufte Esslöffel Kartoffelmehl

Alle Zutaten außer dem Kartoffelmehl mit dem Mixer zu einer gleichmäßigen Masse verrühren. Nach und nach das Kartoffelmehl dazugeben und weiter rühren, bis der Teig etwa die Konsistenz von gut verarbeitbarem Plätzchenteig erhält.

Anschließend aus dem Teig lange dünne Würstchen formen und mit einem Messer etwa erbsengroße Stückchen abschneiden. Die Teigstückchen auf ein mit Backpapier ausgelegtes Backblech legen und im

Ofen auf mittlerer Schiene bei ca. 180°C ca. 10 bis 15 Minuten goldgelb backen. Durch das Ei gehen die Leckerchen etwas auf und haben schließlich etwa die doppelte Größe.

Die Menge reicht für ein Blech und ergibt etwa 170 g fertige Leckerchen. Die fertigen Leckerchen in einer Dose lagern und innerhalb von etwa 3 Monaten aufbrauchen. Guten Appetit!

Extra-Tipp:
Selbstverständlich können auch andere Käsesorten verwendet werden (außer Käse mit Gewürzen, Kräutern oder Edelschimmel und dergleichen).

Herz-Leckerchen
- 60 g gewolfte oder pürierte Hühnerherzen oder anderes beliebtes Fleisch
- ½ verquirltes Ei
- 1 Teelöffel ungewürztes Schmalz oder Butter
- ca. 5 gehäufte Esslöffel Kartoffelmehl

Alle Zutaten außer dem Kartoffelmehl mit dem Mixer zu einer gleichmäßigen Masse verrühren. Nach und nach das Kartoffelmehl dazugeben und weiter rühren, bis der Teig etwa die Konsistenz von gut verarbeitbarem Plätzchenteig erhält.

Anschließend aus dem Teig lange dünne Würstchen formen und mit einem Messer etwa erbsengroße Stückchen abschneiden. Die Teigstückchen auf ein mit Backpapier ausgelegtes Backblech legen und im Ofen auf mittlerer Schiene bei ca. 180°C ca. 10 bis 15 Minuten goldgelb backen. Durch das Ei gehen die Leckerchen etwas auf und haben schließlich etwa die doppelte Größe.

Die Menge reicht für ein Blech und ergibt etwa 170 g fertige Leckerchen. Die fertigen Leckerchen in einer Dose lagern und innerhalb von etwa 3 Monaten aufbrauchen. Guten Appetit!

Extra-Tipp:
Für den besonderen Geschmack kann etwas Bierhefe hinzugegeben werden.

Trockenfleisch

Ein besonders natürlicher Snack ist Trockenfleisch. Trockenfleisch ist Fleisch, welchem durch milde Wärme und Luftzirkulation die Feuchtigkeit entzogen wurde. Hierdurch wird das Fleisch knusprig und stellt somit einen tollen Knabberspaß für die Katze dar und wird außerdem durch den Feuchtigkeitsentzug haltbar gemacht.

Zum Trocknen bzw. Dörren ist mageres Fleisch wie Hühner- oder Putenbrust, mageres Rindfleisch, Kaninchenfleisch aber auch magere Gänse- oder Entenbrust gut geeignet. Auch mageres Fischfilet ohne Haut bspw. von Seelachs, Kabeljau oder Scholle eignet sich sehr gut zum Trocknen.

Zum Trocknen wird das gewaschene und trocken getupfte Fleisch in dünne Scheiben geschnitten. Die Fleischscheiben sollten nicht dicker als 5 mm sein – besser sogar noch dünner. Besonders einfach lässt sich angefrorenes bzw. halb aufgetautes Fleisch mit einem scharfen Messer oder mit einem Käsehobel in dünne Scheiben oder Streifen schneiden.

Trockenfleisch kann entweder in einem Dörrautomaten oder im Backofen hergestellt werden.

Bei der Herstellung im Dörrautomaten werden die Fleischstreifen auf den Gitterrosten des Automaten verteilt. Hierbei ist darauf zu achten, dass sich die Fleischstücke nicht berühren und nicht übereinander liegen. Je nach Fleischdicke und Temperatur, wird dann für acht bis zwölf Stunden gedörrt. Bei den meisten Geräten trocknet das Dörrgut in den unteren Etagen gewöhnlich schneller als in den oberen. Damit das Fleisch gleichmäßig getrocknet wird, sollten die Gitterroste während des Dörrens aller paar Stunden umgeschichtet werden. Man kann die Fleischstücke für ein noch gleichmäßigeres Dörrergebnis nach der halben Zeit einmal wenden. Sobald sich das Fleisch trocken anfühlt und leicht bricht, ist es fertig. Danach sollte es auf den Gitterrosten auskühlen und kann dann in Frischhaltedosen gelagert oder, wenn große Mengen Trockenfleisch hergestellt werden, auch eingefroren werden.

Bei der Herstellung im Backofen eignet sich am besten ein Herd mit Umluft-Funktion. Das vorbereitete Fleisch wird sorgsam auf einem mit Backpapier ausgelegten Backblech oder auf dem Grillrost verteilt. Die Umluft wird auf die geringste Temperatur (maximal 50 bis 70°C) gestellt und für mehrere Stunden getrocknet. Damit die feuchte Luft entweichen kann, bietet es sich an, einen hölzernen Kochlöffel in die Tür zu stecken, damit die Ofenklappe einen Spalt geöffnet bleibt. Aller paar Stunden sollte das Fleisch gewendet werden. Wenn sich das Fleisch trocken anfühlt und leicht bricht, ist es fertig.

Ein Kilogramm Frischfleisch ergibt etwa 250 bis 300 g Trockenfleisch.

Wenn die Katze häufig und viel Trockenfleisch bekommt, sollte der im Fleisch enthaltene Phosphor einen Kalzium-Ausgleich erhalten. Hierzu kann man das Fleisch in Stücke schneiden und in der Küchenmaschine pürieren oder mit dem Fleischwolf zu Hackfleisch verarbeiten und je kg Fleisch 5 g gemahlene Eierschale oder Calcium-Carbonat oder 8 g Calcium-Citrat unter den Fleischbrei mischen. Aus der Masse werden kleine flache Fleischfladen geformt, die genauso im Backofen oder Dörrautomaten getrocknet werden können, wie Fleischstreifen ohne Kalzium-Zusatz.

Außerdem sollte das Trockenfleisch bei der täglichen Futtermenge berücksichtigt werden, wenn die Katze viel Trockenfleisch enthält, da es ansonsten zu Übergewicht kommen kann. Trockenfleisch entspricht etwa der vierfachen Menge an Frischfleisch.

Extra-Tipp:
Wenn die Katze es mag, können die Fleischstreifen mit einigen Käseraspeln (bspw. Parmesan) verfeinert werden.
Aus Putenherzen können kleine Trockenfleisch-Kringel hergestellt werden, wenn die Herzen quer in Scheiben geschnitten werden.

Abenteuer-Snacks
Für viele Katzen ist ein natürlicher Beute-Snack ein absolutes Highlight. Wer sich überwinden kann, verwöhnt seine Katze deshalb hin und wieder oder auch regelmäßig mit Leckerbissen in Form von Eintagsküken oder bspw. auch kompletten Wachteln oder anderen Futtertieren. Solche Futtertiere bekommt man entweder im gut sortierten Zoofachgeschäft oder aber im Internet-Fleischversand.

In vielen Futtertier-Shops bspw. für den Reptilienbedarf sind neben Eintagsküken auch andere Tiere wie Mäuse oder Ratten erhältlich. Solche Tiere sollten nur verfüttert werden, wenn gesichert ist, dass die Zuchttiere artgerecht gehalten werden und insbesondere nicht standardmäßig und vorbeugend mit Medikamenten behandelt werden. Eintagsküken fallen leider bei der Hähnchenmast oder Eier-Produktion ohnehin an. Diese Küken werden im Gegensatz zu Mäusen und anderen Futtertieren nicht speziell für den Heimtierbedarf gezüchtet.

Komplette Futtertiere wie Eintagsküken sind in sich ausgewogene, voll supplementierte kleine Mahlzeiten. Nur selbst gefangene Mäuse sind noch natürlicher.

Häufig ist bspw. in Foren zu lesen, dass der im Eintagsküken enthaltene Dotter ausgedrückt werden sollte, um eine Vitamin A-Überversorgung zu vermeiden. Dies ist keineswegs notwendig. Ein Eintagsküken enthält durchschnittlich etwa 5 g Eigelb. In dieser geringen Menge ist gerade mal soviel Vitamin A enthalten wie in 1 mg Hühnerleber oder in 2,5 mg Rinderleber. Dies kann getrost vernachlässigt werden.

Abbildung 12: Katzen besitzen noch immer ihren natürlichen Jagdtrieb.

8 Wo kann ich weitere Informationen und Hilfe zum Thema BARF erhalten?

Wer sich eingehender mit der Thematik Katzen-BARF auseinandersetzen möchte, weil evtl. das Interesse an den besonderen Stoffwechselvorgängen der Katze oder an ihrer speziellen Ernährungsweise geweckt wurde, der findet eine Fülle an Literatur – sowohl im Buchhandel als auch im Internet.

8.1 Literatur zum Thema BARF und Katzenernährung

Nachfolgend soll auf einige weiterführende Literatur hingewiesen werden. Die Liste entbehrt jedoch verständlicherweise aufgrund der Fülle von erhältlicher Literatur jeglicher Vollständigkeit und kann nur einen ersten Überblick geben und nur einige wenige Bücher auflisten.

- „Ernährung von Hund und Katze - Leitfaden für Tierärztinnen und Tierärzte" von Case, Carey und Hirakawa aus dem Jahre 1999 ist bereits eine etwas ältere Publikation, so dass es inzwischen neuere Erkenntnisse zum Nährstoffbedarf und insbesondere zum Energiebedarf gibt. Nichtsdestotrotz bietet dieses Buch einen sehr guten Einblick in die Ernährungsbesonderheiten von Fleischfressern. Zunächst werden die Grundlagen der Ernährung detailliert erläutert, anschließend wird der Nährstoffbedarf betrachtet, es werden verschiedene Formen der Heimtiernahrung abgehandelt und schließlich im Detail erläutert, was bei der Fütterung in verschiedenen Lebensstadien und bei einigen Krankheiten zu beachten ist.

- „Klinische Diätik für Kleintiere" von Hand, Thatcher, Remillard und Roudebush aus dem Jahre 2002 ist ein doppelbändiges, wissenschaftliches Werk, welches sich sehr detailliert insbesondere den Ernährungsbesonderheiten bei den unterschiedlichsten Krankheiten widmet. Dieses Buch ist zwar kein Barf-Buch, jedoch kann man sehr tiefe Erkenntnisse zur Verdauung und zu unterschiedlichen Nährstoffprofilen bei den verschiedenen Erkrankungen erlangen und diese bei der Herstellung der eigenen Katzennahrung anwenden. In diesem Werk werden außerdem die Stoffwechsel- und Verdauungsvorgänge auf wissenschaftliche Weise und äußerst detailliert beschrieben.

- Die „Enzyklopädie der klinischen Diätik der Katze" aus dem Jahre 2008 von Pibot, Biourge und Elliott widmet sich noch eingehender der diätischen Behandlung von Katzenkrankheiten.

- „Katzen würden Mäuse kaufen", erschienen 2009, geschrieben von Hans-Ulrich Grimm ist ein Schwarzbuch für Tierfutter. Es deckt die Hintergründe der Tierfuttermittelindustrie auf und beschreibt die teilweise erschreckenden Herstellungsprozesse und Inhaltsstoffe von industriell gefertigter Tiernahrung.

- „Natürliche Katzenernährung nach dem Vorbild der Natur. Barfen in allen Lebensphasen" aus dem Jahre 2014 kann als das „Fortgeschrittenen-Buch" dieses Leitfadens angesehen werden. Die Stoffwechselbesonderheiten und die Verdauung der Katze werden detailliert betrachtet und erläutert. Weiterhin werden die Funktionen der Makro- und Mikronährstoffe eingehend beschrieben. Das Buch widmet sich weiterhin den unterschiedlichen Fütterungsformen und auch unterschiedlichen BARF-Varianten. Ein großer Abschnitt des Buches erläutert die Fütterungsbesonderheiten in verschiedenen Lebensphasen. Der Leser erfährt, was insbesondere bei der Fütterung von Kitten, trächtigen Kätzinnen, kastrierten Katzen und Katzensenioren zu berücksichtigen ist. Außerdem wird detailliert erläutert, was bei der Fütterung von Katzen mit Erkrankungen wie bspw. CNI, Harnwegsleiden, Gewichtsproblemen, Zahnproblemen, Allergien und Futtermittelunverträglichkeiten und vielen mehr zu beachten ist.

8.2 Hilfreiche Internetseiten

Auch das Internet bietet eine Fülle von Informationen zum Thema Katzenernährung und BARF. Wer eine Suchmaschine mit den entsprechenden Begriffen „füttert", wird schnell fündig werden. Auch an dieser Stelle kann die Liste natürlich nicht vollständig sein und nur einen ersten kurzen Einblick bieten.

- *savannahcats.de* ist eine sehr informative Seite mit einem umfangreichen Bereich zur Katzenernährung. Es wird anhand von Beispielen und Vergleichen verdeutlicht, warum die Rohfütterung für Katzen die optimale Ernährungsform ist. Weiterhin wird detailliert beschrieben, wie BARF hergestellt wird und worauf bei der Futterherstellung geachtet werden sollte. Außerdem wird mit einigen weit verbreiteten Irrtümern zur Katzenernährung aufgeräumt.

- *holisticat.com* ist eine englischsprachige Seite, welche Informationen zu Rohfütterung und alternativen Heilmethoden bietet.

- Auf der englischsprachigen Seite *fediaf.org* sind die Nutritional Guidelines für Tierfutter erhältlich. Diese werden jährlich überarbeitet und bieten so immer den neuesten Einblick in puncto Nährstoff-Bedarfswerte.

- *rodentpro.com* ist eine englische Seite, auf welcher der interessierte Leser Nährwertdaten von natürlichen Beutetieren erfahren kann.

- Auf der Seite *ernaehrung.de* hat man die Möglichkeit, Nährwertdaten auf Basis des Bundeslebensmittelschlüssels zu recherchieren.

- Das *tiermedizinportal.de* bietet einen guten Überblick zu Krankheiten und deren (diätischer) Behandlung. Diese Seite ersetzt jedoch nicht den Tierarztbesuch und die tiermedizinische Behandlung, wenn die Katze erkrankt ist.

Für diejenigen, die sich gern mit Personen mit gleichen Interessen austauschen, ist sicherlich die Mitgliedschaft in einem Forum eine gute Wahl, um sich weitergehend über das Thema BARF zu informieren und ggf. individuelle Hilfe zu erhalten. In einem Forum hat jeder die Möglichkeit, individuelle Fragen zu stellen und Probleme zu schildern, welche dann von erfahrenen Barfern beantwortet werden. Außerdem erfährt man von anderen Barfern so manchen Trick, der einem das Barfen erleichtern kann. Oft gibt es in Foren auch die Möglichkeit zu chatten, so dass man im ungezwungenen Gespräch schnell Hilfe erhalten und sich mit Gleichgesinnten austauschen kann.

Wer nach Foren zum Thema BARF im Internet sucht, wird schnell fündig werden. Es gibt einige große Foren, mit zum Teil mehreren 1000 Mitgliedern. Es gibt jedoch auch einige kleinere, von denen insbesondere das Forum *www.einfach-barf.de* hervorgehoben werden soll. einfach-barf ist das kleine, private, noch relativ junge, sehr freundliche und familiär geführte Forum der Autorin. In diesem Forum werden sowohl Barf-Anfänger als auch fortgeschrittene Barfer herzlich aufgenommen. Jedes Mitglied kann Fragen zum Thema BARF stellen und erhält zahlreiche Informationen zur Katzenernährung und erfährt viele Hintergründe zum Katzenstoffwechsel. Außerdem ist jeder eingeladen, sich aktiv am Austausch und den Diskussionen zur Katzenernährung zu beteiligen. Viele Mitglieder dieses Forums haben Katzen mit unterschiedlichen Krankheiten, die Spezial-BARF erhalten. Auf diese Weise werden die erkrankten Katzen mit einer entsprechenden BARF-Diätnahrung behandelt. Damit werden sehr gute Erfolge erzielt. Wer sich nicht registrieren möchte, hat bei einfach-barf außerdem die Möglichkeit, im öffentlichen Bereich Fragen zu den beiden Büchern „einfach barf – der Leitfaden" und „Katzenernährung nach dem Vorbild der Natur" zu stellen.

Begriffserklärungen

Allergen | Ein Allergen ist ein Antigen, auf welches das Immunsystem mit der Bildung von Antikörpern reagiert und Überempfindlichkeiten bzw. allergische Reaktionen auslöst. In der Regel sind Allergene Eiweiße.

Allergie | Eine Allergie ist eine überschießende Reaktion des Immunsystems mit Antikörpern auf eigentlich harmlose Substanzen (Allergene). Allergien äußern sich häufig in entzündlichen Symptomen an der Haut, den Schleimhäuten, dem Verdauungstrakt oder den Atemwegen.

Aminosäuren | Aminosäuren sind die Bausteine der Proteine bzw. Eiweiße. Sie sind organische Verbindungen und bestehen aus einer Carboxygruppe und einer Aminogruppe.

Antioxidanz | Antioxidanzien sind Verbindungen, welche ungewollte oxidative Prozesse (Abgabe von Elektronen) anderer Stoffe verhindern, indem sie Radikale einfangen. Die wichtigsten Antioxidanzien in der Nahrung sind die Vitamine E und C.

Apathie | Als Apathie werden in der Medizin Teilnahmslosigkeit, Unempfindlichkeit gegenüber äußeren Reizen und verminderte Erregbarkeit bezeichnet.

Ausschlussdiät | Mittels einer Ausschlussdiät werden die auslösenden Allergene bzw. allergieauslösenden Substanzen ermittelt. Eine Ausschlussdiät beinhaltet die Elimination, bei welcher sämtliche Allergie auslösenden Substanzen bis zum Abklingen der Symptome entzogen werden, die Rechallange, bei welcher durch Gabe des gewohnten Futters getestet wird, ob die Symptome wieder auftreten und die Provokation, bei welcher dem Futter schrittweise einzelne Futterkomponenten zugegeben werden, bis durch Wiederauftritt der Symptome die Allergie auslösende Substanz ermittelt wurde.

Ballaststoff | Ballaststoffe sind unverdauliche Nahrungsbestandteile. In der Regel sind dies bestimmte Polysaccharide und gehören damit in die Gruppe der Kohlenhydrate. Ballaststoffe werden in lösliche und unlösliche Ballaststoffe unterteilt.

Bedarfswerte | Bedarfswerte sind jene Angaben über den Nährstoffbedarf eines Tieres. In der Regel gibt es einen Mindestbedarf, der durch den unteren Bedarfswert gekennzeichnet ist und einen Höchstbedarf, der durch den oberen Bedarfswert begrenzt ist. Wird eine Nahrung angeboten, deren Nährwert unter dem Mindestbedarf liegt, wird ein Nährstoffmangel riskiert. Analog wird eine Überdosierung riskiert, wenn eine Nahrung gefüttert wird, deren Nährwerte über dem Höchstbedarf liegen.

Darmflora | Die Darmflora sind die Mikroorganismen, welche den Darm bevölkern. Sie steht in einer symbiotischen Beziehung zu ihrem Wirt. Die Mikroorganismen der Darmflora ernähren sich u. a. von Ballaststoffen (sogenannten Prebiotika) und synthetisieren daraus verschiedene Nährstoffe, die vom Wirt resorbiert und weiterverwertet werden.

Dehydration | Wassermangel, der zur Austrocknung führt, verursacht durch mangelnde Flüssigkeitsaufnahme und/oder übermäßige Flüssigkeitsausscheidung.

Domestikation | Die Zähmung von wildlebenden Tieren zu Nutz-, Haus- oder Heimtieren.

Enzym | Enzyme bestehen meist aus Proteinen. Sie haben vielfältige Aufgaben im Stoffwechsel von der Verdauung bis zur DNA-Bildung und wirken als Katalysatoren – sie beschleunigen also biochemische Reaktionen und Abläufe.

essentieller Nährstoff | Ein essentieller Nährstoff ist für den Organismus lebensnotwendig, jedoch kann dieser Nährstoff vom Organismus nicht aus anderen Nährstoffen oder Nahrungsbestandteilen wie Aminosäuren, Fetten oder Wasser synthetisiert, sondern muss mit der Nahrung zugeführt werden.

Fastentag | Dies ist eine Praxis aus dem Barfen bzw. der Fütterung von Hunden und sollte bei Katzen nicht angewandt werden. Katzen sind es aufgrund ihrer evolutionären Entwicklung gewohnt, mehrfach über den Tag verteilt mehrere kleine vollwertige, ausgewogene Mahlzeiten zu sich zu nehmen. Nehmen Katzen länger als 24 Stunden keine Nahrung auf, können insbesondere übergewichtige Katzen eine hepatische Lipidose.

Feinwaage | Eine Feinwaage ermöglicht das genaue und korrekte Abwiegen. Feinwaagen sind in unterschiedlichen Genauigkeiten bspw. Zehntel-Hundertstel- oder Tausendstel-Gramm-Skalierung erhältlich.

Fettsäuren | Fettsäuren werden den Fetten zugeordnet, sind jedoch Carbonsäuren.
Fettsäuren werden in gesättigte und ungesättigte Fettsäuren unterteilt. Sie unterscheiden sich in der Länge der Kohlenstoffkette. Ungesättigte Fettsäuren haben im Gegensatz zu gesättigten Fettsäuren keine Doppelbindung zwischen den C-Atomen der Kohlenstoffkette. Die ungesättigten Fettsäuren werden nochmal in einfach und mehrfach ungesättigte Fettsäuren unterschieden. Die Einteilung richtet sich nach Position und Anzahl der Doppelbindungen.

Frankenprey | Eine Abwandlung des Prey, bei welcher die kompletten Beutetiere mit Fleisch, Knochen und Innereien nachempfunden werden. Der Wortteil „Franken-" spielt dabei auf Frankenstein an. Beim Frankenprey erhalten die Katzen eine rohe Nahrung auf einer Basis aus Muskelfleisch, Innereien und Knochen. Es existieren unterschiedliche Ausprägungen des Frankenprey. Einige Frankenpreyer ergänzen bestimmte Nährstoffe wie bspw. ungesättigte Fettsäuren, Eisen oder auch Vitamin E mit Supplementen wie Fischöl, Blut und Vitamin E-Präparaten, andere empfinden die Ergänzung als nicht natürlich und verzichten auf Zusätze. Insbesondere wenn auf Zusätze verzichtet wird, ist eine besonders große Abwechslung und auch der Zusatz von Fisch zur Deckung des Vitamin D und Jodbedarfs sehr bedeutsam.

Futterrechner | Futterrechner dienen dazu, Barfrezepte zu berechnen. Meist sind diese Rechner mehr oder weniger komplexe Excel-Programme. Es gibt unterschiedlich umfangreiche Futterrechner, angefangen von solchen, die lediglich die nötige Kaliziumzufuhr bestimmen bis hin zu solchen, mit denen komplette ausgewogene Barfmenus erstellt werden können und auch veränderte Einstellungen zulassen, so dass das Barf bspw. für kranke Katzen zusammengestellt werden kann.

Futterwechselmechanismus | Beim Futterwechselmechanismus zeigt die Katze quasi die entgegengesetzte Verhaltensweise zur Neophobie: lange Zeit wird immer die gleiche Futtersorte gefressen, bis diese ohne ersichtlichen Grund verweigert wird. Wird der Katze eine neue, unbekannte Futtersorte angeboten, wird diese ohne Zögern angenommen, obwohl diese Sorte ggf. zu früherer Zeit verweigert wurde.

Giardien | Einzellige Darmparasiten (Geißeltierchen), die die Darmwände schädigen und insbesondere bei Jungtieren zu schweren chronischen Durchfällen führen. Eine kohlenhydratreiche Ernährung fördert das Auftreten der Symptome, daher sollte bei Giardienbefall bzw. Giardiose auf Kohlenhydrate in der Nahrung verzichtet werden.

Glukose | Glukose ist ein Monosaccharid (Einfachzucker) und gehört damit zu den Kohlenhydraten. Glukose ist als Baustein in vielen weiteren Zweifach-, Mehrfach- und Vielfachzuckern enthalten.

Herbivore | Pflanzenfresser

Hormone | Hormone sind biochemische Botenstoffe, die von speziellen Zellen produziert und abgegeben werden, um besondere definierte Wirkungen oder Regulationsfunktionen im Organismus zu erfüllen.

Hyperparathyreoidismus | Beim Hyperparathyreoidismus wird von der Nebenschilddrüse vermehrt Parathormon gebildet. Eine überhöhte Parathormonkonzentration hat negative Auswirkungen auf den Kalziumstoffwechsel. Insbesondere bei einer Niereninsuffizienz kann es zu einem sogenannten sekundären Hyperparathyreoidismus kommen und wird durch Hypokalziämie (Kalziummangel) bzw. Phosphorüberschuss ausgelöst. Hierdurch wird wegen des erniedrigten Kalziumspiegels von der Nebenschilddrüse vermehrt Parathormon ausgeschüttet. Ursache ist die gestörte Calcitriol-Produktion (Calcitriol = aktive Form des Vitamin D3), die wiederum über den Knochenstoffwechsel eine Verminderung des Kalziumspiegels bewirkt.

Indikation | Eine Indikation gibt an, welches Heilverfahren bei einer bestimmten Krankheit oder bei bestimmten Beschwerden angezeigt ist.

Innereien | Innereien sind die essbaren inneren Organe von Schlachttieren. Innereien haben in der Regel einen höheren Gehalt an Vitaminen und Mineralstoffen als Muskelfleisch, enthalten jedoch auch einen größeren Anteil an Bindegewebe und sind daher schwerer verdaulich, als Muskelfleisch. Beim Barf häufig eingesetzte Innereien sind Leber (als Vitamin A-supplement), Nieren, Milz und seltener Euter und Lunge. Herz, Magen und Zunge werden küchentechnisch ebenfalls den Innereien zugeordnet, nehmen beim Barf als Muskelinnereien jedoch eine leichte Sonderstellung ein, da es sich technisch um Muskeln handelt.

Karnivore | Fleischfresser

Kohlenhydrate | Zu den Kohlenhydraten gehören die unterschiedlichen Zucker- und Stärkearten. Auch Ballaststoffe werden den Kohlenhydraten zugeordnet. Kohlenhydrate sind Nährstoffe aus pflanzlichen Futterstoffen. Gesunde Katzen benötigen keine Kohlenhydrate in Ihrer Nahrung, da ihnen zum effektiven Verwerten verschiedene Enzyme fehlen. Bei medizinisch induzierter proteinarmer Diät werden in Diätfuttermitteln häufig Kohlenhydrate als Energieträger und Proteinersatz eingesetzt.

Konjunktivitis | eine Augenerkrankung, Bindehautentzündung

laktierend | säugend, während der Säugephase

Lipidose, hepatische | Akute Leberverfettung, welche insbesondere dann auftritt, wenn Katzen ihre Fettreserven mobilisiert haben, bspw. aufgrund von Fasten bzw. bei ungenügender Nahrungsaufnahme. Um eine hepatische Lipidose zu vermeiden, sollten insbesondere übergewichtige Katzen aber auch Jungtiere im Wachstum und trächtige und säugende Katzen keinesfalls länger als 24 Stunden hungern.

Mineralstoffe | Mineralstoffe gehören wie die Vitamine zu den Mikronährstoffen und werden in Mengenelemente und Spurenelemente unterteilt. Mengenelemente sind jene Mineralstoffe, die im Grammbereich im Futter enthalten sind, wie bspw. Phosphor, Kalzium oder Natrium. Spurenelemente sind solche Mineralstoffe, die nur in Spuren, also im Milli- oder Mikrogrammbereich im Futter enthalten sind wie bspw. Jod, Zink oder Eisen.

Nährwerte | Nährwerte oder auch Nährstoffgehalte geben die Menge der Nährstoffe in einem Lebens- oder Futtermittel an.

Neophobie | Die Angst, vor etwas Neuem. In der Katzenernährung bedeutet dies, dass die Katze unbekanntes Futter oder auch unbekannte Futterbestandteile verweigert. Vergleiche auch Futterwechselmechanismus

Omega3-Fettsäure | Omega3-Fettsäuren gehören in die Gruppe der ungesättigten Fettsäuren. Omega3 gibt an, dass die letzte Doppelbindung der mehrfach ungesättigten Kohlenstoffkette an der drittletzten Kohlenstoffdoppelbindung vor dem Carboxy-Ende liegt.

Zu den Omega3-Fettsäuren gehören unter anderem α-Linolensäure, Eicosapentaensäure und Docosahexaensäure. Diese Fettsäuren sind in der Katzenernährung essentiell.

Im Gegensatz zu den Omega6-Fettsäuren haben Omega3-Fettsäuren weniger entzündungsfördernde und dafür mehr entzündungshemmende Eigenschaften.

Besonders Omega3-haltig sind z.b. Lachsöl/Fischöl oder Leinöl.

Omega6-Fettsäure | Omega6-Fettsäuren gehören in die Gruppe der ungesättigten Fettsäuren. Omega6 gibt an, dass die letzte Doppelbindung der mehrfach ungesättigten Kohlenstoffkette an der sechstletzten Kohlenstoffdoppelbindung vor dem Carboxy-Ende liegt.

Zu den Omega6-Fettsäuren gehören unter anderem Linolsäure und gamma-Linolensäure und Arachidonsäure. Diese Fettsäuren sind in der Katzenernährung essentiell.

Im Gegensatz zu den Omega3-Fettsäuren haben Omega6-Fettsäuren mehr entzündungsfördernde und dafür weniger entzündungshemmende Eigenschaften. Besonders Omega6-haltig ist z. B. Nachtkerzenöl.

Omnivore | Als Omnivore oder Allesfresser werden Lebewesen bezeichnet, die sich sowohl von Nahrung pflanzlicher als auch tierischer Herkunft ernähren.

Originalsubstanz | Originalsubstanz ist ein Begriff aus der Futtermittelindustrie. Sie bezeichnet die Futtermasse so wie sie verfüttert wird, mit sämtlichen Inhaltsstoffen. (Vergleiche hierzu Trockensubstanz)

osmotischer Druck | Der osmotische Druck ist jener Druck, welcher durch die in einem Lösungsmittel gelösten Moleküle auf der Seite mit der höheren Molekül- oder Nährstoffkonzentration verursacht wird und den Fluss des Lösungsmittels (Wassers) durch die Zellmembranen antreibt. Das Wasser strömt hierbei von der Seite der geringeren Nährstoffkonzentration durch die Zellmembran zur Seite mit der höheren Nährstoffkonzentration bis beide Seiten eine identische Konzentration aufweisen.

Osteomalazie | Störung des Knochenstoffwechsels bei ausgewachsenen Tieren, welche zu einer Demineralisierung und schließlich zur Erweichung der Knochen führt. Die Mineralisierung des Knochens ist hierbei gestört, wohingegen das Grundgerüst ungestört ist.

Osteoporose | Eine Skeletterkrankung, bei welcher der Wiederaufbau der Knochensubstanz gestört ist, was zu einer verminderten Knochendichte führt.

Oxalat | Umgangssprachlich für Kalziumoxalatsteine oder Kalziumoxalaturolithiasis, eine Form von Harnsteinen, welche sich bei sehr saurem Urin-pH bilden können und im Gegensatz zu Struviten nicht wieder aufgelöst werden können.

oxidative Prozesse | Prozesse im Organismus, welche dadurch verursacht werden, dass Moleküle mit fehlendem Elektron auf der Außenschale Zellschädigungen verursachen, indem sie aus den Zellen Elektronen herauslösen.

Phytotherapie | Behandlung auf Basis der Pflanzenheilkunde

Prey | Prey ist ein Begriff aus dem Englischen und bedeutet Beute. Im Barf ist es eine bestimmte Barfvariante, bei welcher die Katzen mit kompletten Futtertieren wie Mäusen, Eintagsküken, Meerschweinchen, Ratten, Kaninchen, Hühnern, Fisch etc. ernährt werden. Bei dieser Fütterungsform ist es wichtig, dass die Futtertiere tatsächlich komplett sind und sämtliche Organe, Körperteile und auch das Blut enthalten sind.

Proteine | Proteine oder Eiweiße sind große Moleküle, welche aus Kohlenstoff, Wasserstoff, Sauerstoff, Stickstoff und zuweilen Schwefel bestehen. Eiweiße sind aus vernetzten Aminosäuren aufgebaut. Proteine stellen für Fleischfresser neben Wasser den Hauptbestandteil der benötigten Nährstoffe dar.

Rachitis | Eine Störung des Knochenstoffwechsels bei Jungtieren. Vergleiche Osteomalazie.

Radikale | Radikale sind Atome oder Moleküle mit mindestens einem fehlenden Elektron. Durch das Fehlen des Elektrons sind diese Atome besonders reaktionsfreudig und können dadurch Zellschädigungen und dergleichen hervorrufen.

Rohasche | Zur Rohasche gehören jene Futterbestandteile, welche nach vollständiger Verbrennung der Probe übrig bleiben. Aus dem Rohaschegehalt kann man in etwa auf den Mineralstoffgehalt schließen. Trockensubstanz – Rohasche = organische Masse.

Rohfaser | Rohfaser gehört zur organischen Masse eines Futtermittels. Es ist jener Bestandteil, welcher nach Behandlung der Probe mit Säuren und Laugen als unverdaulicher Bestandteil verbleibt. Ballaststoffe enthalten neben weiteren unverdaulichen Komponenten auch Rohfasern.

Rohfett | Zum Rohfett gehören die Bestandteile des Futtermittels, die sich in fettlösenden Lösungsmitteln lösen.

Rohprotein | Rohprotein sind sämtliche Verbindungen, welche Stickstoff enthalten.

Spondylose | Eine Erkrankung, welche Deformationen (Verknöcherungen) an der Wirbelsäule hervorruft, welche zumindest während der Entstehung sehr schmerzhaft sind und die Bewegung des betroffenen Tieres stark einschränken.
Ein zu hoher Vitamin A-Gehalt der Nahrung kann Spondylose hervorrufen und die Entstehung begünstigen. Der Krankheitsverlauf ist nicht reversibel.

Spurenelemente | Spurenelemente gehören in die Gruppe der Mineralstoffe. Spurenelemente müssen in der Nahrung nur in geringsten Dosen, also Spuren vorhanden sein. Bekannte Spurenelemente sind Eisen, Jod, Zink oder Kupfer.

Struvit | Umgangssprachlich für Struviturolithiasis, eine Form von Harnsteinen. Die korrekte Bezeichnung lautet Magnesium-Ammonium-Phosphat. Struvite bilden sich in alkalischem Urin bei einem pH-Wert über 7,5, wenn diese drei Stoffe Ammonium, Magnesium und Phosphat im Urin vorliegen. Bei einem pH-Wert unter 6,6 können Struvite wieder aufgelöst werden.

Supplemente | Als Supplemente werden beim Barfen die Nährstoffergänzungen bezeichnet.

Symptom | Symptome sind alle Anzeichen, die im Zusammenhang mit einer Erkrankung auftreten

Trockensubstanz | Die Trockensubstanz bezeichnet in der Futtermittelindustrie die Masse nach Abzug sämtlichen Wassers.

Originalsubstanz – Wasser = Trockensubstanz
Üblicherweise beziehen sich die Nährwertangaben von Tierfutter auf die Trockensubstanz.

Urolithiasis | Erkrankung an Harnsteinen, siehe auch Struvit und Oxalat

Vitamine | Vitamine gehören zu den Mikronährstoffen und müssen mit der Nahrung zugeführt werden, da sie nicht vom Organismus selbst hergestellt (synthetisiert) werden können. Sie haben vielfältige Funktionen im Organismus. Vitamine werden entsprechend ihrer Löslichkeit in fettlösliche und wasserlösliche vitamine unterteilt. Fettlösliche Vitamine können in der Regel im Organismus gespeichert werden und müssen daher nicht täglich mit der Nahrung zugeführt werden. Wasserlösliche Vitamine können nicht gespeichert werden und müssen in der täglichen Nahrung enthalten sein.

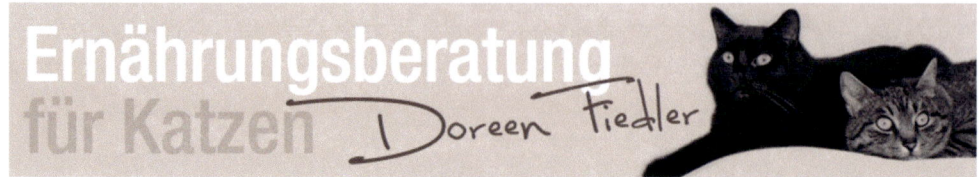

Barfberatung

Sie haben allgemeine oder auch speziellere Fragen zur Fütterung Ihrer Katze?
Ihre Katze befindet sich in einer besonderen Lebenssituation oder ist evtl. sogar erkrankt, so dass eine angepasste Ernährung erforderlich ist?
Oder Sie möchten die Ernährung Ihrer Katze gern optimieren?

Was auch immer Ihr Anliegen ist – ich stehe Ihnen gerne beratend zur Seite.

Folgende Leistungen biete ich Ihnen hierzu an:
- Beratung
- telefonische Beratung
- Rationsberechnung
- Bedarfsberechnung
- Herstellung einer maßgeschneiderten Nährstoffmischung
- Diätmanagement

Weitere Informationen finden Sie unter
www.barfberatung-fiedler.de

Literaturverzeichnis

[1] Grandjean, D. 2006. *Wissenswertes über die Aufgaben der Nährstoffe für die Gesundheit von Hund und Katze*. Paris: Aniwa SAS GmbH.

[2] Hand, M. S. et al. 2002. *Klinische Diätik für Kleintiere*. Hannover: Schlütersche GmbH & Co. KG.

[3] Senger, V. G. 2004. *Wissenschaftliche Bewertung des Einsatzes von Vitaminen und ausgewählten Antioxidantien in der Ernährung von Katzen, Hunden und Pferden: Anspruch und Wirklichkeit*. München: Universität München. http://edoc.ub.uni-muenchen.de/2347/1/Senger_Valerie.pdf (28.02.2014).

[4] Case, L. P. et al. 1999. *Ernährung von Hund und Katze. Leitfaden für Tierärztinnen und Tierärzte*. Stuttgart, New York: Schattauer.

[5] Kienzle, E. 2009. Carbohydrate metabolsim of the cat 2 – digestion of starch. *Journal of Animal Physiology and Animal Nutrition* 69 (1–5): 102–114.

[6] Zorn, N. 2004. *Zur Analytik von Lipiden im Hunde- und Katzenserum nach Fütterung ungesättigter Fettsäuren*. München: Universität München. http://edoc.ub.uni-muenchen.de/2792/1/Zorn_Natalie.pdf (28.02.2014)

[7] Bundesministerium für Ernährung und Landwirtschaft. *Tierische Nebenprodukte*. http://www.bmelv.de/DE/Landwirtschaft/Tier/Tiergesundheit/TierischeNebenprodukte/nebenprodukte_node.html (08.12.2013).

[8] Landesuntersuchungsamt Rheinland-Pfalz. *Tierische Nebenprodukte: Verwertung und Beseitigung*. http://www.lua.rlp.de/tiergesundheit/tierische-nebenprodukte/ (08.12.2013).

[9] Oberthür, R. C. 2000. *Technologische Aspekte der Tiermehlherstellung*. Braunschweig: Workshop „Tierernährung – Ressourcen und neue Aufgaben." http://www.stn-vvtn.de/archiv/oberthuer.pdf (28.02.2014).

[10] Kraft, W. et al. 2003. *Katzenkrankheiten – Klinik und Therapie*. Hannover: Verlag M. & H. Scharper.

[11] Wanner, P. D. M. 2004. *Die Ernährung der Katze. Skript für Studierende der Veterinärmedizin an der Universität Zürich*. Zürich: Universität Zürich.

[12] Reichert, L. 2013. *Umfrage zum Thema Rohfütterung („BARF") der Katze inklusive Überprüfung der gefütterten Rationen*. Wien: Veterinärmedizinische Universität Wien. http://www.vetmeduni.ac.at/hochschulschriften/diplomarbeiten/AC10813985.pdf (28.02.2014).

[13] Pibot, P. et al. 2008 *Ezyklopädie der klinischen Diätik der Katze*. Paris: Aniwa SAS.

[14] The European Pet Food Industry Federation F.E.D.I.A.F. 2013. *Nutritional Guidelines for complete and complementary Pet Food for Cats and Dogs*. http://www.fediaf.org/fileadmin/user_upload/Reports/Nutritional___Analytical_Science/Nutritional_guidelines.pdf (28.02.2014).

[15] Edtstadtler-Pietsch, G. 2003. *Untersuchungen zum Energiebedarf von Katzen*. München: Universität München. http://www.lingua-medica.com/diss.pdf (28.02.2014).

[16] Mathews, U. 2010. *Vitamin-A-Stoffwechsel der Katze: Transport im Blut, Verteilung in den Geweben und Ausscheidung über den Harn*. Berlin: Freie Universität Berlin. http://www.diss.fu-berlin.de/diss/servlets/MCRFileNodeServlet/FUDISS_derivate_000000008878/online.pdf?hosts= (28.02.2014).

[17] National Research Council (U.S.). Subcommittee on Furbearer Nutrition 1982. *Nutrient Requirements of Mink and Foxes*. Washington, DC: The National Academies Press.

Bildnachweise

S. 5:	Doreen Fiedler
S. 9:	Canan Czemmel, *www.canan.eu*
S. 11:	Manuela Filzmaier
S. 15:	Sabine Buttkau
S. 30:	Doreen Fiedler
S. 39:	Canan Czemmel
S. 41:	Angela Neubert
S. 49:	Canan Czemmel
S. 55:	Angela Neubert
S. 56:	Canan Czemmel
S. 60:	Daniela Brauer
S. 65:	Rosemarie Muth
S. 72:	Rosemarie Muth
S. 76:	Canan Czemmel
S. 77:	Canan Czemmel
S. 85:	Doreen Fiedler
S. 90:	Andrea Martin
S. 91:	Jasmin Langer: jala / photocase.de